무한 묘수

2

나남
nanam

강철수 바둑만화

무한 묘수 2

2016년 5월 25일 발행
2016년 5월 25일 1쇄

지은이・강철수
발행자・趙相浩
발행처・(주)나남
주소・10881 경기도 파주시 회동길 193
전화・031-955-4601(代)
FAX・031-955-4555
등록・제 1-71호(1979. 5. 12)
홈페이지・http://www.nanam.net
전자우편・post@nanam.net

ISBN 978-89-300-8872-5
ISBN 978-89-300-8874-9(전 2권)

강철수 바둑만화

무한 묘수

2

나남
nanam

< 만화를 읽기 전에 >

이세돌, 커제같은 고수들이 즐비한데 사람들이
갑자기 알파고를 두려워하는 눈치다.
그러나 알파고는 하늘에서 내려온 천재도
외계인도 아니다.
우리 인간이 통계를 조합해서 만들어 낸,
넓은 의미에서 알파고는, 일종의 흉내바둑에 불과하다.
당대 명인들의 고뇌로 빚어진 신수, 묘수를 비겁하게
따라 놓을 뿐, 창작해 내지는 못한다.

사람들이 바둑을 좋아하는 것은, 승패의 즐거움도 크지만,
19로 바둑판이 무한한 창조의 무대이기 때문이다.
알파고는 왜 바둑이 재미있는지를 모른다.
왜 바둑이 슬픈드라마 인지, 왜 바둑 속에 손자병법이
숨어있는지를 모른다.
계산만 치밀할 뿐 영혼이 없기 때문이다.

진보하고싶은 독자들이여
차가운 머리와 뜨거운가슴으로 내면의 기를 모아
매일 새로운 방법을 모색하고 창안하라!
그대 영혼이 있는 한, 알파고는 영원한 하수로 남을
것이다.
2천5백년전 임종을 앞둔 석가가 이런 말을 남겼다.
「네 자신을 거울삼고 네 자신을
스승삼아 정진하라」

                                    2016년 5우브 지은이

자!
승부는 어떻게
되었을까?

아무리 들여다
봐도 역시
흑이 두텁지?

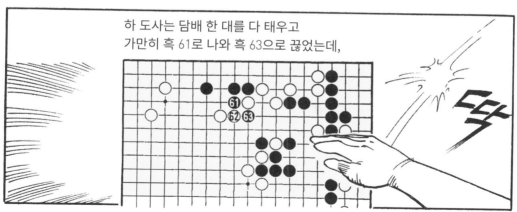

하 도사는 담배 한 대를 다 태우고
가만히 흑 61로 나와 흑 63으로 끊었는데,

여기서 재주 부린답시고
백 1로 되몰았다가는
흑 2로 쭉 빠져 큰일나.

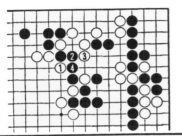

따라서, 모양이 사납긴 하지만
백 64 이음은 이미 각오하고 있던 터.

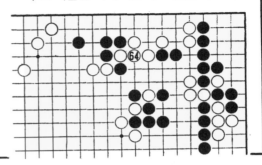

그 다음은 나도 알지.
흑 1로 꼿꼿이 서고
이하….

이렇게 되어서는
백이 쌈지를 뜬 꼴이고, 계속해서

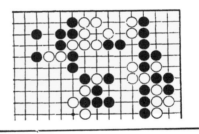

백 6으로 뛰지 않을 수 없고 이하 흑 9까지.
이건 흑의 절대 우세다.

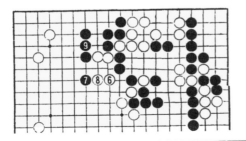

나는 갑자기 우울해지지 않을 수
없고,

다시 또 배추(?) 다발과 양주 병이 공중으로 휠휠….

이번에는 돈 뭉치와 양주 병만이 아니고

양주 병을 든 어여쁜 여자까지 휠휠 날아가는 환영이 보이더군.

이런 빌어먹을! 오늘따라 내가 왜 이리 쓸데없이 수가 잘 보여 가지고 ……

아닌 게 아니라, 왜 바둑, 장기, 고스톱은 구경꾼이 수를 더 잘 볼까?

전면인데!

승부에 집착하지 않고
마음을 텅 비워서 그럴까?

그러나 알고 보면 그것도 다 '하는 개소리'다.
괜히 글쟁이들이 원고지 메꿔 먹으려고
지어낸 소리인 것이,

백날 옆에서 수가 잘 보이면 뭐 해?
타이틀은 결국 바둑 두는 사람이 차지하는데.

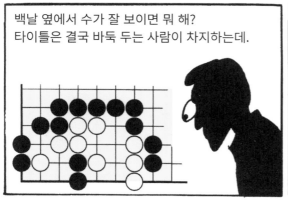

착각, 실수, 완착 어쩌고 해도
결국 돌 쥔 사람이 상금을 챙기고
성적을 내지.

수 잘 보는 검토실은
밤낮 검토밖에 더 해?

이러쿵!
저러쿵!

내가 그런 쓸데없는
사색에 젖어 있는데

어라?
아니, 이게 뭐야?

천하의 하 도사가, 하, 이런!
내가 수읽기한 대로 두었으면 흑의 압승지세였는데
이 노인네가 갑자기 상변 흑마가 불안했는지 엉뚱하게도 흑 65.

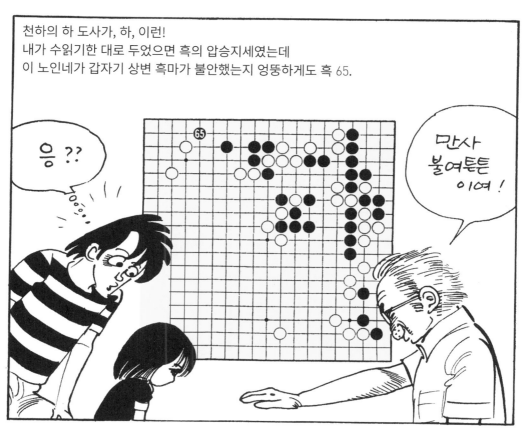

미미가 백 66, 일단 하나 눌러 가자

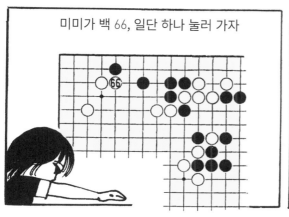

하 도사는 흑 67로 젖혀서
백 68을 불러 놓고

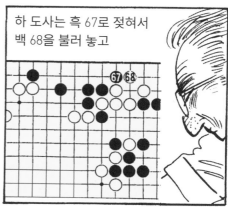

흑 69로 호구.
이로써 흑은 완생이다.

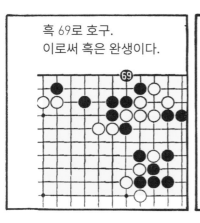

그러나 백도 70. 거저 빵 때리게 해 줘
조금 아까운 의미가 있지만.

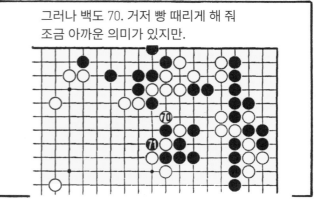

백 72로 앓던 이 한 점을 잡아 두니
갑자기 백이 편해진 느낌이다.

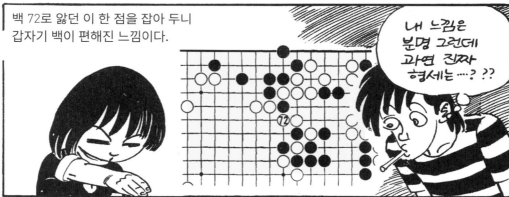

내 느낌은
분명 그런데
과연 진짜
형세는……? ??

가만 있자
이거……

순간, 승천(?)했던 양주 병과 미녀가
사뿐사뿐 하강했다.

미미가 백 72로 흑 한 점을 잡으면서 두텁게 연결을 하자
하 도사는 금세 낯빛이 불그레해지더니….

너무 피 한방울
안 흘리고 안정
시켜 드렸나?

됐다!
이제 백도 희망이
있다!

흑도 73으로 하나 기어 나가고, 백 74로 막을 때

흑 75와 77로 재차 삶을 확인했는데
이런 데를 거꾸로 백이 한 점을 잡고
후수로 사는 것과는 천지 차이다.

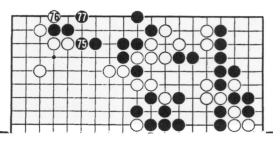

이거 어찌된 거여?
내가 왜 쌈지를
뜨구 있지?

미미는 비로소 밝은 얼굴로
과일 주스 한 잔을 맛있게 비우더니

응, 저 물건이
여유가 있다
이 말이야?

짤
그
락

따닥

대망의 백 78.
평범한 전개 같지만 사실은 피아간의 필쟁의 요소로
누구 손이 먼저냐 하던 데였다.

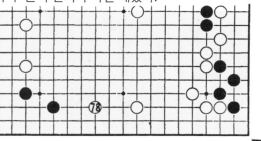

아마추어들은 곧잘 백 1 따위로
중앙을 어떻게든 싸바르려고 하지만

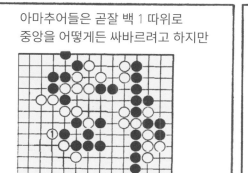

그것은 흑 4로 백 무리다.

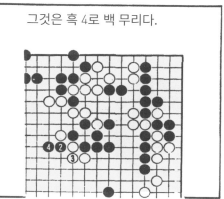

미미가 빈 주스 잔을
거지처럼 홀짝거려서,

한 잔 더 사다 주랴 했더니, 싫다 그러더군.

바로 그 순간, 하변을 노려보며
오래 뜸을 들이던 하 도사가

흑 79. 어정쩡한 수 같지만 실은 통렬한 급소로
호착 중의 호착이다. 거꾸로 백이 그 자리에 두었다고
생각해 봐. 아마 흑은 못 견딜 거다.

백 80은
흑 81을 유발시켜
아까운 의미가 있지만,

백으로서는 그 자리 외에
달리 보강 수단이 보이지 않는다.
(태만하면 즉시 흑이 나와서 끊는다.)

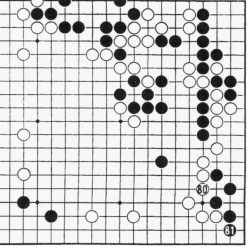

그런데 참 이상하기도 하지?

백이 불안한 돌을 다 연결하고 하변의 좋은 자리는 다 차지했는데
바둑은 아직도 흑이 덤 이상 좋으니 말이야.
명불허전, 노인네의 저력일까?

나는 그제서야 알아냈다.
미미 지지배가 빈 컵을 쪽쪽거린 이유를.

미미는 백 대마가 수습됐어도
집이 모자란다는 사실을 어느새
감지하고 초조해 하고 있었다.

아니나 다를까,
미미의 초조감은 현실로 드러났다.

으잉?

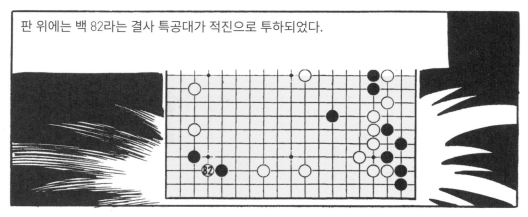

판 위에는 백 82라는 결사 특공대가 적진으로 투하되었다.

여기서 흑에겐 다른 길이 하나도 없다,
오직 흑 83으로 막는 길 외에는.

이 처녀가
염치도 좋으시네.

알고 보니, 백이 흑귀를 파고든 것은
대단한 똥배짱도 뭣도 아니고

그래
그래.

흑의 일자 굳힘에 백돌 ◎이 양쪽으로 다가와 있을
때에는 충분히 들어갈 수 있는 자리라는군.
(하수들은 적어 둬.)

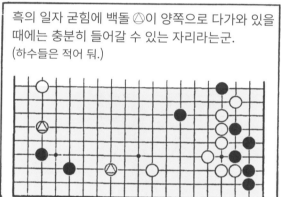

그건 그렇고, 백의 84에
자! 흑의 다음 한 수는?

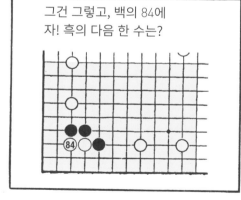

거의 노타임으로 흑돌 하나가
좌하귀에 떨어졌다.

흑 85의 호구이음.
오직 이 한 수의 곳이다.
들여다보는 게 싫다고
꽉 잇는 사람이 있는데,
이런 상황에서는
'융통성 없는 꽉 이음'이 된다는
사실을 기억해 두셔.

백 86 젖힘도 이 한 수.

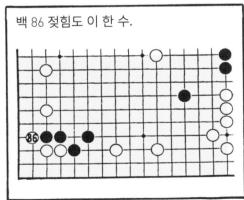

흑도 당연히 흑 87로 막고.
백 88과 흑 89로 서로서로 이었다.

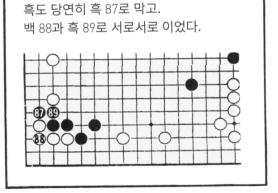

미미는 다시 빈 주스 잔을 궁상스럽게
쪽쪽거리더니

백 90으로 하나 들여다보고
백 92로 넘자고 하는 흔한 수법으로 나가더군.

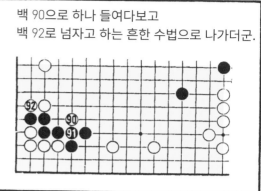

그 뻔한 자리에서 하 도사 또한 한참 뜸을 들였는데
아마도

흑 1로 내려 빠지고 이하 백 4까지는
흑이 싱겁다고 보는 것 같더만.

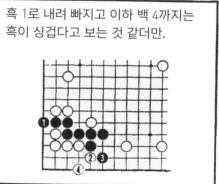

아니나 다를까, 하 도사는 강력(?)하게
흑 93으로 젖혀 갔다.

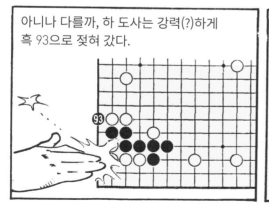

즉각 막지 않고 꼿꼿이 서 둔 백 94가
아주 야물딱진 수다.
(하수들은 녹화해 둘 것.)

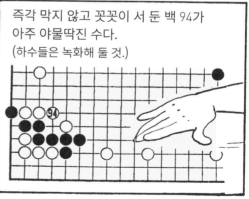

어허! 이 처녀가 남의 안방 다 차지하고 이젠 숫제 보따리 내놔라?

이런 제기! 인생살이 다 그런거지!

알만한 노인네가!

아닌 게 아니라, 흑 95에 백 96으로 자세를 잡으니, 흑은 한 집도 없다.

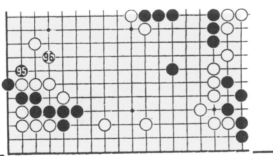

우왓! 저게 뭐야? 더 고생할것 없이 아주 거기서 불계로 끝내겠다는거냐?

사실 하수들은 이런 정도만 돼도 "아이구, 다 죽었구나!"라면서 허둥대기 일쑤지만

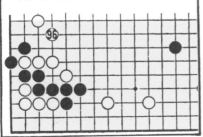

하 도사는 아무렇지도 않은 얼굴로 담배 한 대를 피워 물더니 흑 97.

백도 98로 들어가고 백 100으로 젖혀
실리를 챙기는 것이 최강의 공격.

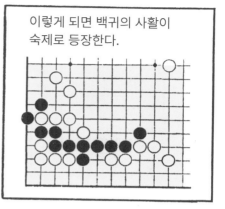

이렇게 되면 백귀의 사활이
숙제로 등장한다.

하수들은 덮어놓고
흑 1과 3으로 젖혀
잇고 보는데

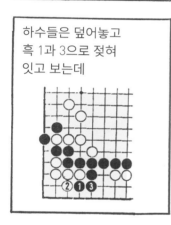

백 4와 6으로 살아서
확정가 4집은 틀림없지만

백 집을
최소한으로
줄인거 아
닌가?

그러나 이런 자리에서는 흑 3으로 내려서는 게
맛이 풍부한 고수의 행마지.
하 도사도 그렇게 두었다.

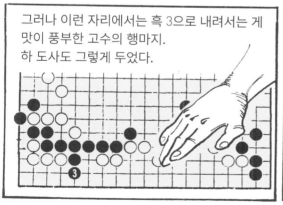

백은 역시 4와 6으로 살지 않을 수 없는데
젖혀 이은 것과 어디가 다른가 하면,

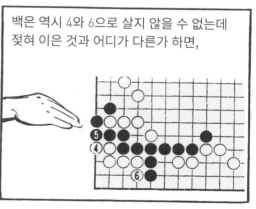

훗날 흑이 1로 치중을 해서
백이 2와 4로 살 때,

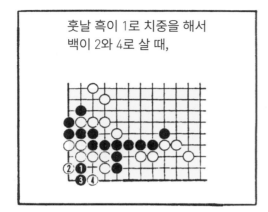

흑 5의 수가 있다는 것이다.
꽃놀이패를 할 수 없어 백 A 할 때,
흑 B 는 너무 큰 끝내기 아냐?

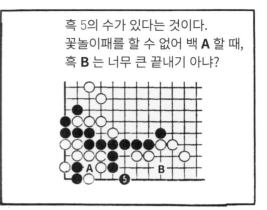

그러나 그것들은 그야말로
먼 훗날의 일이고

자! 형세는 다시 어찌 되는가?

뭐가
됐지?

이런 빌어먹을! 내가 제일 질색하는 저 끔찍한 장고!
하 도사는 물경 30분이 지나도 도무지 둘 생각을 않는 거 있지.

더럽게
오래 보네.

바둑판
빵꾸
나겠다!

독자들 보시기에 형세는? 어느 쪽이 어느 정도 유리하다고 보시는지?
뚝딱뚝딱 순발력 좋게 두는 것도 TV 속기에 대비(?)해서 나쁘지 않겠지만,
가끔씩 찬찬히 판을 살필 줄 알아야 호주머니 용돈이 보존되지.

일견 흑이 두 수를 들여서 굳힌 귀에
백이 염치 좋게 들어가서

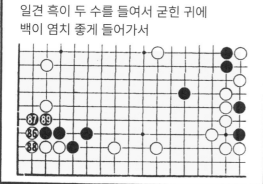

무려 넉 집이나 내면서 살고, 흑은 졸지에
노구(?)를 이끌고 곤마 신세가 됐으니….

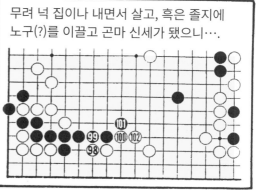

그렇다면 흑이 망한 것일까?
그렇다면 백이 유리한 것일까?

그렇다면 반쯤 포기했던 배추 다발을….

다시 흑심 야심 꿍심
소망 희망 다 품어도
된다는 스토리인가?

나는 재빨리 두 대국자의 쪽을, 아니 참, 표정을 점검했다.

그러나 이런 제기랄!

이거
뭐야?

대개 아마들의 얼굴을 척 보면
그 바둑의 유불리를 단번에 읽을 수가 있는데

이건 도대체 무슨 돌부처들도 아니고

지들이 무슨 이창호라고
무슨 표정이 있어야 감을 잡지.

바둑 다 뒀는데
무슨 장고?

더러 고스톱 같은 걸 쳐 보면
그 왜 한가락 한다는 꾼들도

그 왜 광이나 고도리 진쪽을
손에 들었을 때

너무너무 침통한 얼굴을 하는 걸
여러분도 알지?

저건
여우!

오늘
화투가
안되는군.

바둑에서도 그런 식으로
음흉한 술수라도 쓰면

졌군!
다 죽었
군!

아하, 형세가 좋은가 보구나!
혹은 그 반대로구나!

어떻든 실마리가 풀리겠는데, 아니 무슨 감정,
기분, 지성, 야성, 농담까지 아는 인간들이 글쎄

판 위에 그 많은 풍파가 일었음에도
불구하고, 내 참!

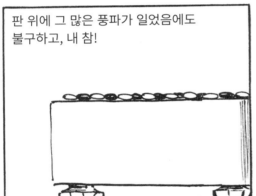

눈, 눈썹, 눈쌀, 콧구멍, 입술, 볼따구, 이맛살,
귀, 귓밥…. 뭐 하나 미동을 해야 말이지.

게다가 나를 더욱 김빠지게 한 것은
아, 무슨 도사가

이런 쌍!

한 시간이 넘어도 착점할 생각을 안 하니,
이런 제기!

도사도
두어야 도사지!

나는 드디어 좀이 쑤시고 따분해 견딜 수가 없어서

담배 사러 가는 척 세 번째로 방을 빠져 나왔다.

다 뒀는데 무슨 장고람!

어떤 프로 고단 기사가 "바둑 두어서 먹고 살기 힘들다"고 탄식했다고 하는데

알고 보니, 바둑 두어서 먹고 사는 사람 옆에 있는 사람도 힘들더군, 그거.

또 빈대

나는 그 여관 복도에서 기지개 3번, 하품 2번, 합이 5번 몸을 뒤틀고

자판기 깡통 커피 한 캔을 뽑아 쌓인 피로를
풀면서 (구경꾼도 두는 사람만큼 피곤함)

다시 어슬렁어슬렁 대국실로 갔는데,
아, 아니 이런!

하, 참! 무슨 도사가 무려 한 시간 반 동안 진도는커녕
그때까지 추가로 바둑통 밖으로 빠져 나온 돌이 한 톨(?)도 없는 것이야, 이건.

하 도사는 대체 무엇을 연구하고 있을까?
흑의 다음 한 수가 그리도 어렵단 말인가?
프로 4인방, 그리고 전국의 짠돌이 짠순이
당신들은 그 한 수를 아시나요?

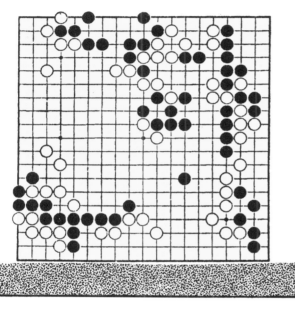

흑이 여기저기
집도 많은데……
가운데만 대충 살 좀
붙이면서 수습하면
그대로 흑승 아냐?

어쭈! 그래도 안둬?
그만큼 훈수해 줬으면
냉큼 바둑알을 집어들어
야지!

아, 아! 지루하고 따분하고 심심하기 그지없는
꾼들의 장고.

TV 바둑팬에게는 오줌 누러 갈 시간을 제공하는 고마운 일이긴 하지만

얼마나 많은 무고한 백성들이 장고의 학정에 시달리는지 기사들은 몰라.

도대체 왜 빨랑 후딱 제꺽 안 두고 장고를 한단 말인가?

원래 장고란 빨리 두들길수록 경쾌하고 흥겨운 사운드가 나오는 법인데,

언제부터인가 바둑 두는 인간들이 이것을 잘못 도입해다가

바둑 상대는 물론 관전자까지 성질, 감정, 혈액순환 장애까지 유발시키고 있는 거야.

아, 물론 장고한다고 사법처리 대상이 될
만큼 법적인 하자가 있다는 건 아냐.

더러는 정말 깊은 수를 읽느라고 시간을 죽이는
사려 깊은 장고파가 있어, 있기는.

그러나 하수들의 장고는 그런 장고가 아니고
장(長)꼬장이다.

시간차 공격으로
적을 지치게
만들자!

혹은 수가 안 되는 자리를 들여다보며 걱정을
하는 것이다, 누가 혹시 훈시 안 해 주나
기다리면서.

혹은 바둑 수를 읽는 것이 아니고

아까
따 먹었을 때
그냥 일어나는
건데…

괜히 한판 더
두자는 바람에
대마 다 죽이고
이 무슨 개망신
이야.

혹은

포커멤버 다 모였나
전화를 해봐야 겠는데…
만약 하우스가 안되면
오늘 뭐 하지?

심지어 어떤 인간은
자기 진영에서 꽃놀이패가 나자

아! 역시 체력에 문제가 있어! 어젯밤 고 지지배랑 무리했어!

그러니까 장고라고 다 한 공장에서 나온 제품은 아니라는 말인데,

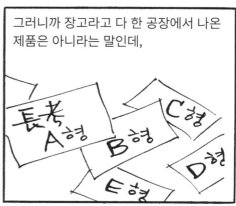

長考 A형
B형
C형
D형
E형

그러나 장고로 인한 모든 폐해는 머잖아 과학이 해결해 줄 것이라고 나는 믿어.

즉, 대뇌활동 특수 판독기만 개발이 되면, 모든 시합장에서

삣 삣삣

아! 노송일선수와 이광호 선수가 쓸데없는 장고로 시간을 허비하고 있군요 규정대로 20분씩 공제 하겠습니다!

아! 박영칠선수는 바둑수가 아닌 동남아 여행 구상을 하고 있었군요! 판 몰수가 되겠습니다!

大會

물경 두 시간 가까운 장고 끝에 떨어진 흑의 한 수는 흑 7.

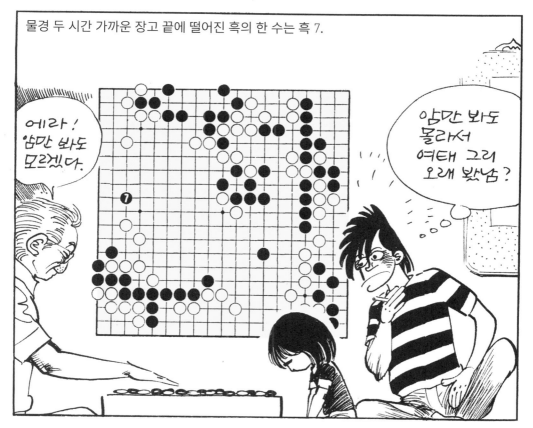

그러나 막상 놓여지고 돌을 보니
아주 그럴 듯한 것이,
하 도사는 대담하게도 아래쪽 곤마(?)를 뺙삼아
거꾸로 백 일단을 엿보면서
그쪽 백세를 뿌리째 지울 심산인 거라.

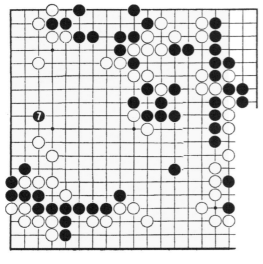

그래 맞아! 그 모양이 깨지면
백은 완전히 집부족증이고
바둑은 그대로 끝이야! 과연
겁나는 노인네로군!

거기에다 흑 7이 오면서 당장 보이는 것이
흑 1의 붙임!

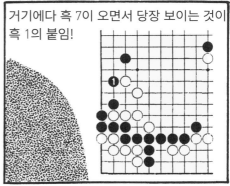

못 넘겨 주겠다고 백 2로 젖히면, 흑 3과 5로 난리.

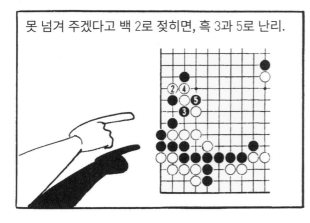

그러나 미미는 그 정도쯤은
한눈에 읽고 있다는 듯

백 8로 노림수를
방지하면서 뛰어든
흑 한 점과
아래쪽 대마를
동시에 노렸는데

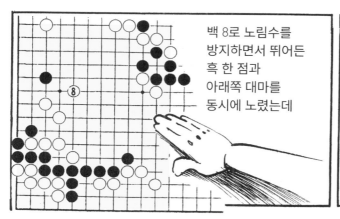

지나는 길에 툭 던진 흑 9가
날카로운 잽.

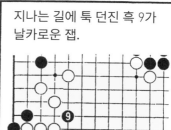

흑은 흑대로 하변을 선수로 돌봐 가며
침공한 한 점은 한 점대로 살려 가겠다는
의도인데

미미 역시 그 리듬을 주지 않으려고
즉각 타이트하게 백 10.

그래 잘 한다!
고렇게 하변을 엊는척 비비
대다가 위쪽 한점을
털도 안뽑고 삼키는거야.

그러나 노련한 하 도사는
백 10의 붙임에 말려들지 않고
태연히 손을 빼서는

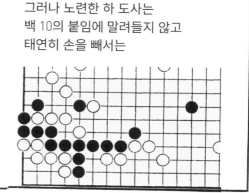

37

흑 11의 붙임. 프로들이 흔히 쓰는 기대기 수습책이랄까?

이 영감이 어딜 또 꼼지락 꼼지락 …

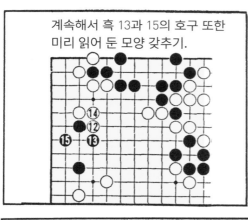

계속해서 흑 13과 15의 호구 또한 미리 읽어 둔 모양 갖추기.

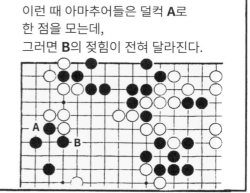

이런 때 아마추어들은 덜컥 A로 한 점을 모는데, 그러면 B의 젖힘이 전혀 달라진다.

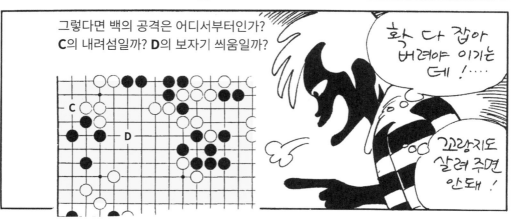

그렇다면 백의 공격은 어디서부터인가? C의 내려섬일까? D의 보자기 씌움일까?

확 다 잡아 버려야 이기는 데 !…

꼬랑지도 살려 주면 안돼 !

그러나 미미는 **C**도 **D**도 아닌 반대쪽 대마를
백 16 급소 일격으로부터 건드려 가는 것이었다.
이른바 '도남의재북(圖南意在北)'.
즉, '뽕을 따러 왔지만 마음은 치마끈'.

더러 바둑 좀 두는 젊은 피플들 중에
미스 리한테 마음이 있으면서

'도남의재북'이라고
미스 김을 집적거리다가

미스 김한테 잘리고

사기꾼!

다시 미스 리한테 매 맞는 하수가 있는데,

여자하고 바둑은 비슷하면서 다른 거다.

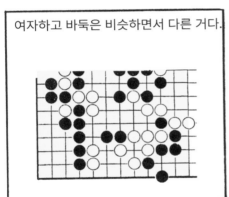

어떻게 다른가?

여자 9단인 이 김달호가 차차 가르쳐 주지!

애들은 가라!

너무 지루하다 싶을 정도로 길고 끈끈했던 그날 승부의

종반은 폭풍처럼 빨리 다가왔다.

두어지고 보니 백 16은 너무너무 지략이 넘치는 한 수로
아래쪽 흑마가 어떻게 움직이느냐에 따라서
위쪽 **A**나 **B**로 공격 방향을 정하겠다는 의도다.

그러나 여기서 흑에게 아주 간단하고 쉬운 길이
있었음이 국후에 밝혀졌다.

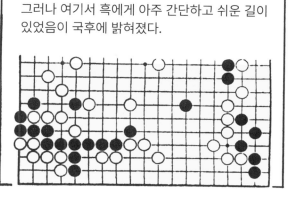

즉, 평범하게 흑 1로 젖히고 백 2로 늘 때

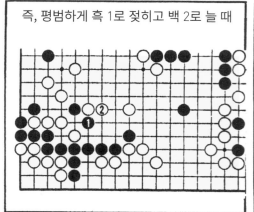

흑 3으로 잇고, 백 4로 막을 때 이하 흑 7까지.
백의 등이 두텁지만 흑도 실리가 크잖아?

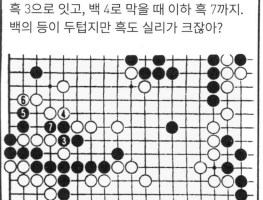

그래 맞아!
백 알 4점이 들어
갔으니····

어휴!
모두 몇집
이야?

물론 위쪽 흑 넉 점이 약해졌지만
그렇다고 간단히 죽을 말은 아니고

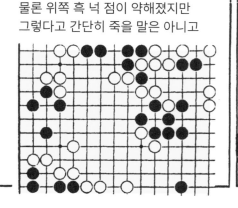

설사 죽는다 하더라도 고기값은 한다고 볼 때
역시 흑은 그 길이 알기 쉬웠다.

고기값····

그런데 뜻밖으로
하 도사가 추위를 탔는지

엉뚱한 흑 17, 이게 '영 아닌 수'였다.

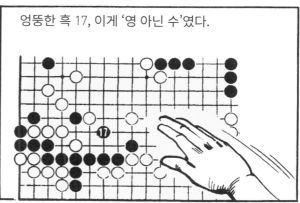

미미의 두 눈이 번쩍 빛났고

얼른 "아이구, 고맙습니다!"라면서
백 18로 막자, 흑은 계속해서

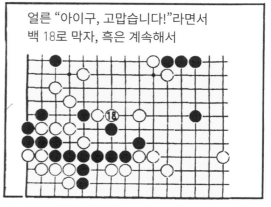

흑 19에서 백 22까지. 이 교환도 대악수.
아마도 뭔가 착각한 게 아닌가 싶더군.

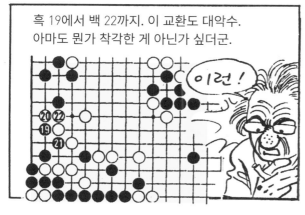

이런!

내가 갈 날이 가까왔나.
생때같은 한점을
거저 보태 주다니!

43

그렇게 된 이상 흑 23과 백 24는
어쩔 수가 없고(물론 백의 대득),

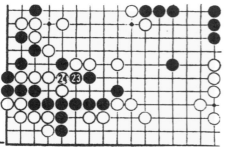

으흐흐흐!
노인네가 갑자기
웬 선심!?

흑 25와 27로 끼워 이어
흑은 겨우겨우 선수 삶을 확인한 정도이다.

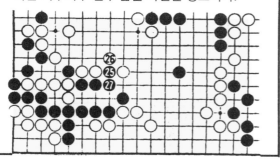

하지만 백도 사방이 단점
투성이니까 어디 하나쯤
호구라도 쳐 두어야 하는데…
어디가 정수냐?

그러나 미미는 노타임으로
모범 답안을 제시해 주었다.

백 28로 꽉 잇는 한 수,
이게 정수이자 최강의 한 수다.

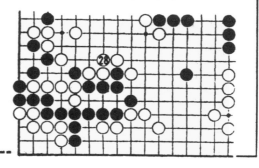

소원대로 선수를 뽑은 흑은 대망의 흑 29.
하 도사는 이 돌만 수습되면 그대로 골인이라고 믿는지
자못 손바람을 일으키고 있더군.

그런가?

더러 실전파 하수들은
흑 29 대신에

기억없이
도망가면서
이용당할게
아니고

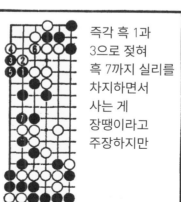

즉각 흑 1과
3으로 젖혀
흑 7까지 실리를
차지하면서
사는 게
장땡이라고
주장하지만

그러나
그것은 안 된다.

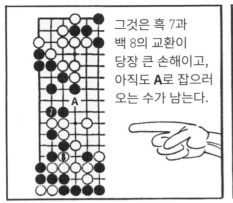

그것은 흑 7과
백 8의 교환이
당장 큰 손해이고,
아직도 **A**로 잡으러
오는 수가 남는다.

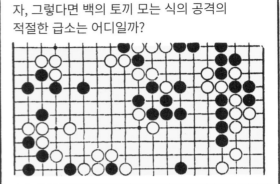

자, 그렇다면 백의 토끼 모는 식의 공격의
적절한 급소는 어디일까?

판 전체를 두루 살핀 미미는 백 30으로 선수하고, 가만히 32로 내려 빠졌는데
실은 이 '가만히'가 반상 최대이면서 소리 없는 살기를 품은 수였다.

역시
거기지 !

입맛을 쩍쩍 다시던 하 도사는 다시
뜻 모를 소리를 한참 웅얼대다가

흑 33 한 칸 뜀. 단순한 연결이 아니고
같이 백 대마를 노리는 수다.

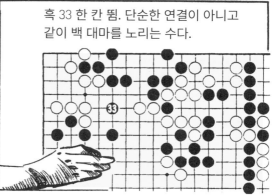

흑 우세의 바둑은 흑의 의문수 몇 수로
팽팽한 호각지세!

그렇다면 흑의 곤마 하나가 뜬것 만큼 백이 유망하다는 야그잖아!

그러나 종반이 임박해도 역시
고수는 고수인 것이

위태위태 도망을
가면서도
고수들은 있지,

그냥 단순한 도망이
아니고 그 와중에도

끊임없이 역습의 칼날을
곧추세운다는 것이다.

백 34 역시 치밀한 수로, 흑이 **A**로 찝어 옥집을 만드는 것을
선수로 방지하자는 의도이다.

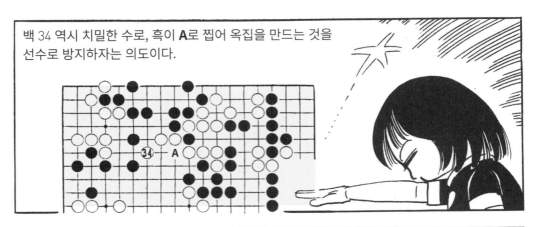

만약 흑이 1로 이어 주면,
백 2와 4로 중앙에 살이 붙지.

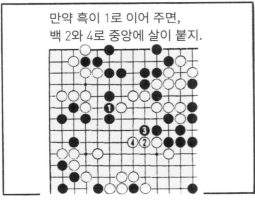

흑은 당연히 그것이 싫어서
먼저 흑 35.

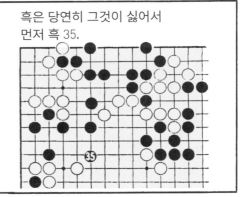

백은 동시에 백 36으로 꿰뚫어 버렸는데
참으로 두터운 한 수였다.

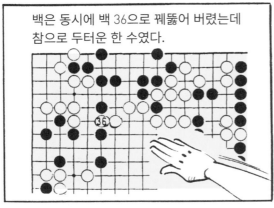

그러나 백전노장의 하 도사.

흑 37의 연결. 거꾸로 백이 그 자리에 오면 흑 전체가 위험해지는데
사실은 이 흑 37의 수 역시 그냥 단순한 연결이 아니고,
하 도사는 달아나면서도

흑 1로 끌어 내서 흑 3으로 대역습하는 수를
노리고 있지 뭐야. 너무너무 못 말리는 노인네지.

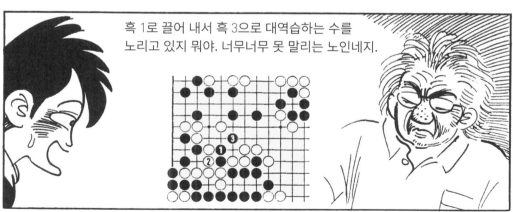

백 38은 그 수를 방지하면서 하변 흑말 전체를 노리는
독한 수다.

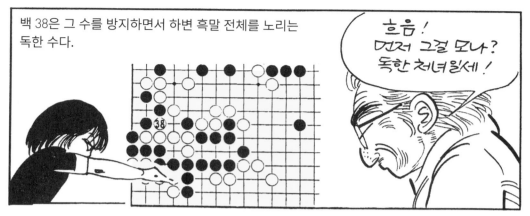

흑은 쌈지를 뜨기 전에
흑 39로 하나 먼저 밀고 나왔는데, 정수다.
(C의 절단을 노리고 있다.)

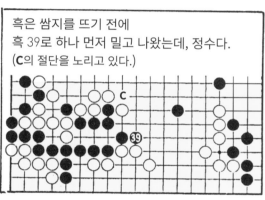

그래서 백 40으로 이었나 했더니, 아, 아!
그 평범한 이음 역시 무시무시한 수로,

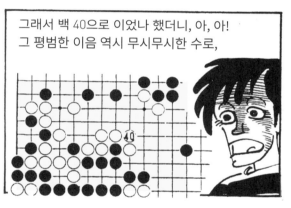

흑이 손을 빼면 백 1과 3의 수가 성립되어
흑 대마는 몰살 5초 전!

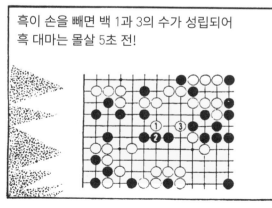

따라서 흑 41은 절대.

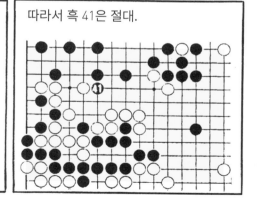

언뜻 보기에 바둑을 거진 다 두고
끝내기를 하는 것 같지만

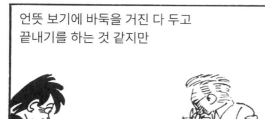

실은 마지막 최후의 최후까지
살기등등한 공방이 계속되었다.

저렇게
심한……

흔히들 이창호를
끝내기의 달인이니
해 가며 수리에
밝은 면을
강조하는 하수가
있는데

이창호의 끝내기는 끝내기가 아니다.
그는 마지막까지 교묘한 전투를 하는 것이다.

39 52
47 42
41 40 49 50
51

큰 끝내기, 작은 끝내기가 아닌
큰 노림, 작은 노림, 자잘한 노림이다.
이창호의 끝내기는
그 노림돌의 순서 매기기 작업일 뿐이다.

1 2 3 4 5 6 7 8

상대들은 그것을 모르고 「창호의
끝내기는 강하다」면서 무수히
익사당하고 자기가 어디서
어떻게 죽는지도 모르는 것이야
나처럼 빠삭하게 분석해서
대비를 못하고 !

자, 길고 멀고 지루했던 그날의 승부는 어찌 되었는가?

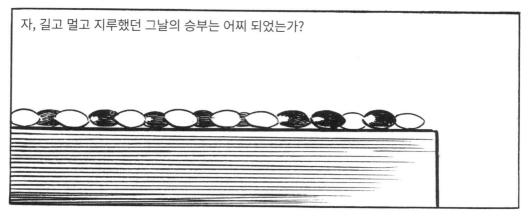

흑 41로 중앙 대마를 돌볼 때, 삐딱하게 떨어진 백 42 날 일자.
그러나 바둑은 그 한 수로 하변의 집이 갑자기 훤해지면서
백승이 확정되고 있었다.

이런 자리를 얼핏 백 1 호구로 빗장을 채우는
하수가 있는데, 그것은 모양만 그럴 듯할 뿐

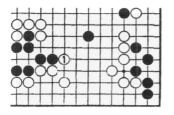

흑 4의 뼈 아픈 한 방으로
집의 경계선이 달라지지.
(흑 대마는 하변에 한 집이 됨)

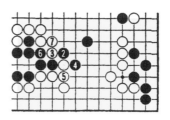

미미가 즐겁게 두 눈을 껌벅거리는 것으로
보아

그리고 하 도사의 꾹 다문 입술이
더욱 한 일자로 굳어지는 것으로 보아
종국과 더불어

하 도사 스스로도 흑의 패배를 아는 듯한
얼굴이더군.

긴 터널처럼 지루하고 답답한
암중모색으로 일관되던 반상이,

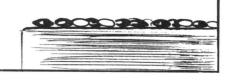

때로는 노도처럼 휘몰아치던
계산된 기백의 한마당이,

때론 살기와 살기끼리 맞부딪쳐
핏빛 불꽃을 튀기던 그 필살의 전장이,

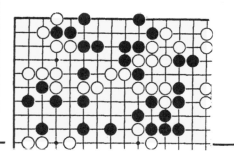

승부는 의외로 종반의 '꼼지락꼼지락' 몇 수에 명암이 엇갈려
차라리 허무하고 싱겁기 그지없더구먼.
(하변 백집이 최대한 굳어져서는 어떻게 변화해도 덤이 안 나온다고 함.)

그런가?

이후로도 무려 100여 수 가깝게 잔 끝내기가
계속되었지만

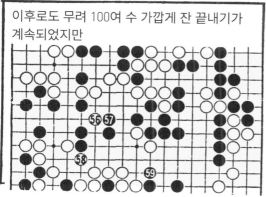

그야말로 두어 본 데 불과한, 몇 집이나
졌나 보는 풀죽은 확인 작업일 뿐이다.

당대의 내기꾼 하 도사의 마른 입술이
끝내 실토(?)하고 말더군.

졌어!

아아!
졌다는 한마디!

바둑 두는 사람이 가장 감격해 하는 애청곡.
그 한 마디를 듣기 위해 그 고생 마다치 않고 달려가는 것이다.

졌어!

나는 얼른 미미를 얼싸안고 뽀뽀를 해 주고 싶었다.

아니, 아니! 뽀뽀보다 강수(?)인 키스를 퍼부어 주고 싶었다.

아냐아냐! 키스는 나중에 둘이 있을 때 얼마든지 할수 있고… 인간이 예의를 알아야지!

정말 대단하십니다요! 승부는 애가 이겼는지 모르지만 바둑내용은 단연 흑의 바둑입니다!

아아! 바둑은 슬픈 드라마! 운의 예술!

미미는 운이 좋았고 영감님은 단지 운이 나빴던 것 뿐입니다.

아니야! 그딴 마음에 없는 이빨, 모두 위선이고 가식이야!

나는 기진맥진한 두 대국자에게
고개 숙여 위로의 한마디를…

할 필요를 전혀 느끼지 않고, 퍼런 배추 다발 뭉치를 움켜쥐고 타잔처럼 포효했다.

미미를 데리고 백화점으로 갈까 하다가

요즘은 값싸고 질 좋은 옷이 시장에도
얼마든지 있다는 소리를 상기하고

남대문 시장으로 가
오리털 점퍼 하나를 사 입혔는데

지지배 되게 좋아하더구먼.

불경기다 뭐다 해도 축제처럼 북적대는 시장 풍경은
언제 봐도 사람 사는 동네 같더군.

가끔 일본 사람들이 서울에 와서
남대문 시장을 난데모 시장이라고 해서

나는 그 무슨 혀 짧은 발음이냐며
즉각 정정해 주곤 했는데

나중에 알고 보니,
혀가 짧아서가 아니고

아닌 게 아니라, 남대문 시장엔 핵폭탄만 빼고
뭐든지 다 있더군.

기분으로 나도 점퍼 하나를 개비했지.

그런데 오늘은 이상하닷, 아저.

뭐가?

이상해.

글쎄.... 뭐가?

내기바둑 이겼는데 왜 오늘은 술을 안마셔?

이 물건 또 말하는 것 좀 봐.

어서 마시러 가자. 뭐가 한가지 빠진것 같아 불안해.

실은 그렇잖아도 목젖이 근질근질하던 차라

그래 가자!

고 봐!

나는 미미를 데리고 중앙 우체국 우측 명동 입구에 있는 아는 카페로 가

간만에 뭉텅이 돈도 생기고 해서
위스키 작은 거 한 병,

미미에겐 오렌지 주스 한 잔에
팝콘 한 소쿠리를 안겨 줬는데,
너무너무 흡족해 하더군.

나는 발 빠르게, 아니 참, 손 빠르게
위스키 두어 잔을 털어 붓고

담배 연기 너머로 미미 지지배를 물끄러미
바라보았다.

흔히 전문가들은 두어진 바둑을
분석 검토하여

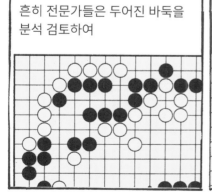

도출된 형태 이전, 더 이전,
더 이전으로 거슬러 올라가서

마침내 돌 몇 알갱이가 겨우 놓인 쥐라기(?)까지 거슬러

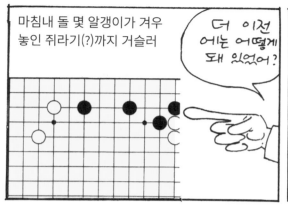

만약 그것이 한 판 바둑의 역사라고 한다면

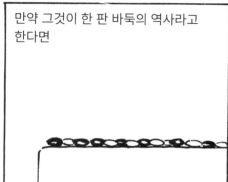

인간의 역사도 그 인간의 과거라고 말할 수 있을까?

인간의 과거 = 인간의 역사.

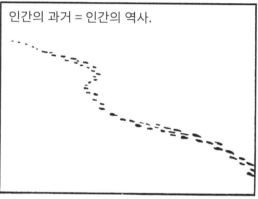

나는 갑자기 미미의 역사책을 상세히 들여다보고 싶었다.

독자 여러분처럼 연애니 짝사랑이니 하는 로맨스까지 곁들인 유구한 역사는 아닐지 몰라도

아무리 볼품없는 아프리카 신생 공화국이라도
나름대로의 역사를 지니듯

그래. 너도
있을거야!

아찌,
갑자기 뭘 봐?

미미한테도 엄연한 삶의 궤적 같은 것이
있지 않겠느냐 이 말이여.

얘기해 봐!
할아버지가
어디서 어쨌
다고?

아니 아니,
할아버지는 너무
중생대 포석단계고

느이 엄마 아빠는
어디 있고 너랑 언제
어디서 살다가 언제
어떻게 헤어졌어?

싫어!
그런 말투.

지지배는 내 질의(?)에 속 시원한 답변 대신

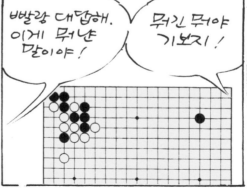

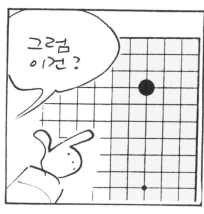

그럼 이건?

뭐긴 뭐야 화점에 놓인 흑돌 한 알 뿐이지!

맞았습니다!

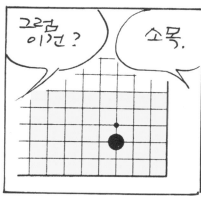

그럼 이건?

소목.

아시네!

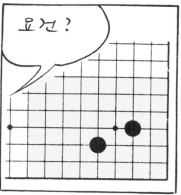

요건?

일자 굳힘!

다 아시네!

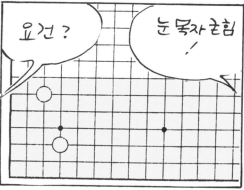

요건?

눈목자 굳힘!

와아~! 되게 똑똑하다 아찌 하나도 안틀리고 척척 다 맞히잖아!

그럼 이건 뭐야?

?????

몰라?

이 정도도 모른단 말야?

수상전 아니냐?

수상전은! 묘수풀이지!

이런 쌍! 그딴걸 바둑가르쳐 준다 그런거냐?

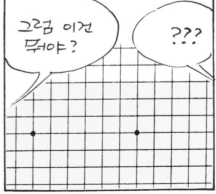

그럼 이건 뭐야?

???

또 몰라?

무긴 뭐야 기보 용지지 !

이게 용지냐? 이게 종이로 보여 ?

다시 묻는다. 대답 잘 해 !

여기 이게 뭐야?

바둑판 !

틀렸어. 이 하수야 !

틀리다니 ! 아니 그럼 이게 바둑판이 아니고 장기판이냐?

이 하수야 이건 나무야 ! 그냥 나무 !

나무에 그냥 줄 몇줄 그어 놓았을 뿐이야! 여태 그걸 몰랐단 말이니?

이런 쌍! 잘 빠졌네 이노므 기지배!

그러나 엄격히 말해서 우선래는 나무도 아니야.

처음에는 씨앗, 아니 어쩌면 그냥 흙이나 먼지였는지 몰라.

그래 알았어. 내가 흙이었을 때 얘기부터 해줄게.

그르근 야그 엿었나?

나 있지 ……

할아버지가 그러시는데 엄마는 학교 선생님, 아빠는 무슨 은행 차장이셨대.

서로 너무너무 사랑해서 결혼했고, 또 나를 낳았대.

미미 까꿍!

내가 세 살이 되던 해에는 제법 큰 집으로 이사해서 새 가구도 들여 놓고…

우리집은 그야말로 너무너무 잘 나가는 집이었대. 할아버지 말로는……

그랬는데?

너무 길게 얘기하면 재미도 없는 TV연속극 같이 하품을 할지 모르니까

아찌 좋아하는 바둑해설 식으로 하이라이트만 해 줄게!

그 당시 우리 집을 바둑으로 비유하면, 마치 이런 형세였어.
엄마, 아빠가 백이고 운명의 여신이 흑번이랄까?

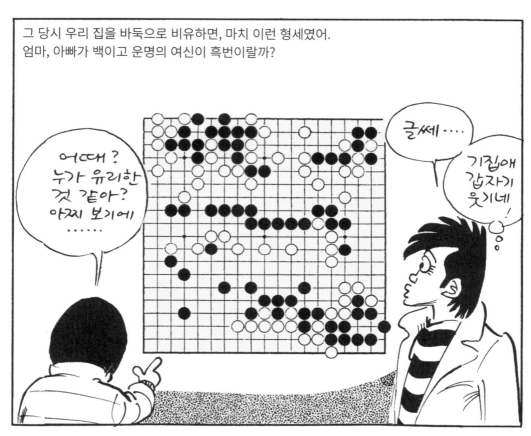

어때?
누가 유리한
것 같아?
아찌 보기에
……

글쎄……

기집애
갑자기
웃기네

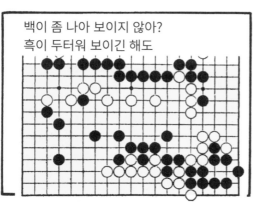

백이 좀 나아 보이지 않아?
흑이 두터워 보이긴 해도

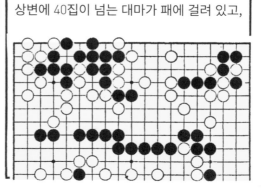

상변에 40집이 넘는 대마가 패에 걸려 있고,

백은 설령 흑 대마를 살려 주더라도
어딘가 두 번 연타해 버리면….

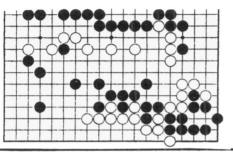

그런가?
확실히 엄마 아빠가
잘 나가던 시절
이랄 수가 있나?

그런데
있지…..

흑이 1로 패를 때리고 백이 여유롭게 백 2로 정비할 때,
a의 끼움을 방지한 흑 3은 절대. 백은 4로 두텁게 한 점을 잡아 둬
바둑은 계속 백이 잘 나가는 시절인데,

갑자기 무슨 운명의 장난질인지
흑이 **b**로 상변 대마를 살리지 않고

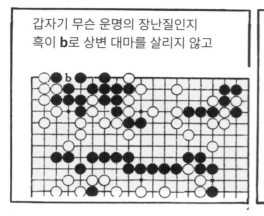

느닷없이 가운데를 흑 1로 한 칸 뛰어
들여다본 거야.

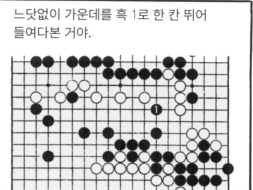

선순가 ?

운명의
여신이 수를
내는거야?

당장 끊어지니 백 2는 어쩔 수 없고,

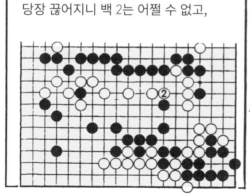

그래서
뭐가 잘못
된거냐?

흑은 다시 살으며
흉측한 흑돌 한개를
집어서는

흑 3으로 들여다본 거야.
만약 백 4로 이으면 흑 5의 끼움이 묘수야.
이렇게 돼서는 어디로 받든
백 대마는 무참하게 두 동강이 나는 거야.

그랬는데?

그래 가지고?

할 수 없이 엄마, 아빠는
백 4로 받아
절단을 방지했는데

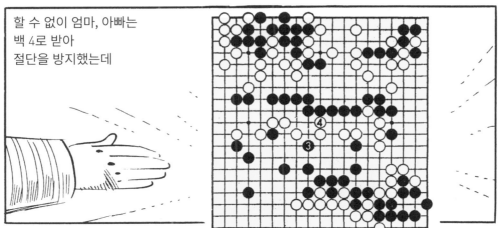

글쎄 이 파멸의 여신이 우리집을 박살 내기로 작정이라도 했는지

백 4에 흑 5로 옆구리를 마늘모로 찍으니, 당장 **a**와 **b**가 맞보기가 되어 백이 끝장난 거야.

잘 나가던 우리집은 엄마 아빠가 타고가던 승용차를 덤프트럭이 덮치면서 단 한수에 바둑이 끝나 버렸어.

그러니까 네가 세살때 엄마 아빠가 교통사고로……

엄마 아빠가 돌아가시고

나는 할아버지랑 둘이 살게 되었는데

밥 먹자!

할아버지는 가끔 나를 이웃에 맡겨 놓거나

혹은 나를 직접 데리고 거의 매일 바둑집(기원)에 다녔어.

기억나는 것은 바둑이 끝날 때마다 돈 같은 게 오가는 거 같았어.

거의 매일 늘 항상 그랬어.

그런데 이상한 일은 그렇게 2, 3년이 지나는 동안

우리는 다섯 번도 더 이사를 했는데

정말 정말 이상도 스럽지.

뜨락이 널따란 그 큰 집이 점점 작은 집으로…

나중에는 아주 낡은 이층집에 세를 얻어 살았고

더 나중에는 더 작고 더 낡은 집으로

더 나중에는 연탄가스 냄새가 지독한 무슨 지하실 같은 데서도 살았어.

할아버지가 돈을 못벌어서 그래?

시끄러! 밥이나 묵어!

할아버지는 아주 가끔씩

어디서 가져왔는지 꼬깃꼬깃 접힌 돈을
잔뜩 꺼내 놓고

몇 번씩이나 하나 둘씩 셀 때도 있었지만

밤늦게 쥐포 한 마리도 없이 빈손으로 들어와
끙끙 앓을 때가 더 많았어.

에구
에구

그런데 어느 날

미미,
싸게 이리
와 보더라고 !

할아버지는 별안간 바둑판에 돌 몇 알을
주섬주섬 올려놓더니

더 골병들기 전에 후계자라도
길러 선수로 뛰게 혀야제.
요즘 젊은놈들이 워쩌나
바둑이 센지 말이여.

응 ??

야 여기 이거
흑선으로 워찌큼
둬야 쓰것냐 ?
맞혀 보더라고
그만큼 배웠으믄 !

글쎄 ·····

흑선수
였지?

그때의 그 모양은 아마도 아래 그림으로 대충 기억되는데

한번
잘 봐!

백진 속에 흑 3점이 좌사 직전에 놓인 것이
한눈에 들어오지?

그래, 그거
꼴까닥 5초
전이구나!

할아버지는 바로 이 3점을 타개해 보라고 말씀하셨어.

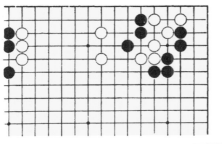

나는 잠시 장고(?)하고 흑돌 한 개를 기세 좋게 집어

일단 흑 1로 비집고 나가는 타개책(?)을 구사했는데, 그 순간

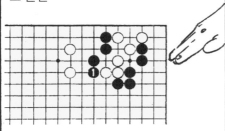

저건 등신!

집어 치워! 집어 치워!

그리고는 땅이 꺼져라 탄식하셨어.

지 애비는 안 저랬는데 ······

그 자리는 당연히 흑 1로 끼워 넣는 오직 한 수로

백이 2로 몰면 가만히 흑 3으로 빠져 나와
a와 **b**를 맞보고

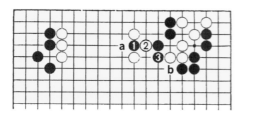

만약 백이 2로 막으면
흑 3으로 꼿꼿이 잇지.

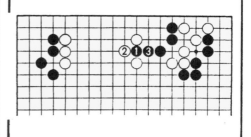

백 4 하지 않을 수 없을 때
흑 5로 끊고 선수로 짭짤하게 살아 버리지.

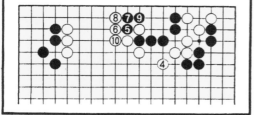

그런 묘수를 팽개치고
적의 등이나 밀어 주면서 기어 나왔으니
등신 소리 할 만도 하지.
(하수들은 꼭 기억해 둘 것)

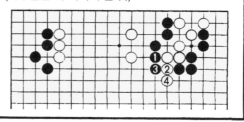

그날 단 한 번의 테스트 이후로 할아버지는 내게
바둑을 더 가르쳐 주지 않았어.

관
두어!

돌멩이를 앉혀놓고
잡자 맹자를 읽어
준들!

강아지를 앉혀놓고
소크라테스를
읊어준들!

화도 나고 해서 몇 번이나 졸라도 봤지만

그래두 나 5급은 된댄 잖아!

5급!

5급은 오급이지! 오급(誤級)

딱 한판만 두자. 잠이 안 온단 말이야!

그럼 백설공주나 읽어!

지집이 바둑같은거 잘 둬 봤자지! 아니 뭐 그 대가리로 잘 둘수나 있남.

할아버지는 엄마가 여자 아냐?

이모, 고모 외할머니는 여자 아냐?

여자지.

그런데 왜 여자를 무시하구 그래? 여자없으믄 태어날 수도 없는데!

여자팔자 뒤웅박팔자여!
2선 3선으로 발발 기다가도
사내 하나 잘 만나면 그냥
만방으루 끝나는거여!

뒤웅박?
됫박형 말이야?
그거 꽁배 차면
죽는데!

할아버지는 바둑을 더 가르쳐 주지
않을 뿐만 아니라

기원에도 나를 더 이상 데리고 다니지 않았어.

큰길로
내려가지
말어!

나는 연탄가스 냄새가 지독한 방에서
혼자 얼마나 울었는지 몰라.

너무너무 외롭고 심심했어.

오늘은 또
뭐 하고
놀지 ???

그러나 할아버지도 지독했지만
나도 지독했어.

라면 끓여 먹는 일 말고 전혀 할 일도 없고
친구 하나 없던 나는

할아버지가 이사 다닐 때마다
애지중지하는 수십 권의 바둑책을

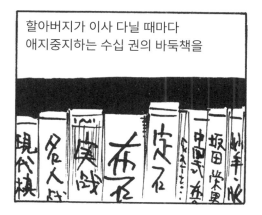

어느 날부터인가 일삼아 끼고 앉아
들입다 파고 파고 또 파

2년 동안 그 골 아픈 바둑책 스물여덟 권을
구구단 외우듯 깡그리 다 외워 버렸어.

한참 만에 그 사실을 안 할아버지가
내 얼굴을 한참 바라보다가

두 번째로 테스트 문제를 냈는데

잘 보더라고!
흑이 둘 차례여!

위쪽 백 7점을 빨리 잡아
버려야 아래 갇힌 흑마가
살 수가 있는디、 어디가
급소여?

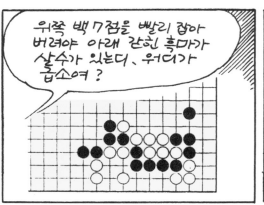

나는 거짓말 하나도 안 보태고 0.5초 만에
풀어 버렸어.

다닥☆

흔히 이런 모양에서 흑 1로 몰기 쉬운데
백 2로 뛰어 수가 팍 늘어난다.

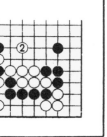

얼핏 흑 1이 급소인 것 같지만
백은 슬쩍 백 2로 하나 붙이고

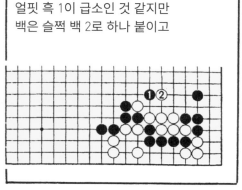

흑 3 할 때 백 4로 나가면
흑은 응수가 없어. 이래서는 대실패.

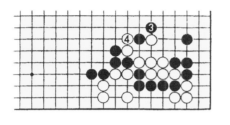

필살의 급소는 흑 1의 한 방이야.

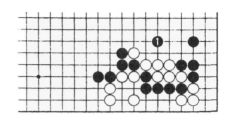

백 2로 이으면, 흑 3, 5, 7로
흑이 한 수 빠르지.

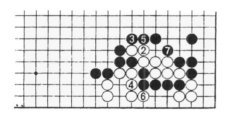

흑 1에 백 2의 호구로
달아날 수 있을 것 같지만,
흑 3으로 하나 먹여치고

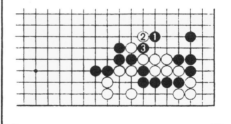

흑 5로 몰고 백 6에 흑 7로 축이야.
통쾌한 포도송이 사냥의 대표적 케이스
아니겠어?

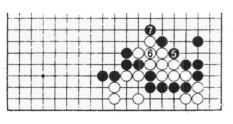

반신반의하던 할아버지는

다시 판 위에 바둑알 몇 개를 주섬주섬 놓아

두 번째 수능(?) 테스트를 했는데

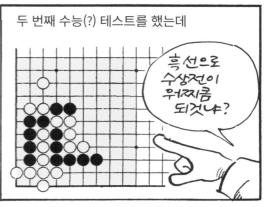

나는 불과 3초 정도 상(相)을 읽고 정답을 제시했어.

흔히 이런 식의 수상전이 벌어지면 하수들은 어떡하든 빨리 메워 먹을 궁리만 하는데

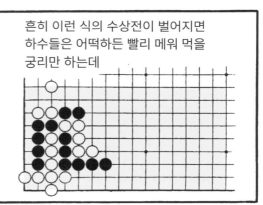

필살의 급소 한 방은 흑 1로 점잖게 뛰는 한 수야.

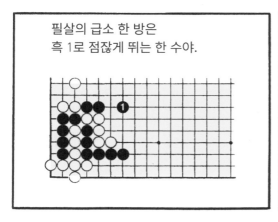

백은 2 정도로 붙여 달아날 수밖에 없는데

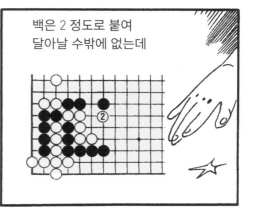

거기에는 살그머니 흑 3을
끼우고, 백 4 할 때

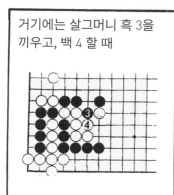

흑 5로 단수를 치지.

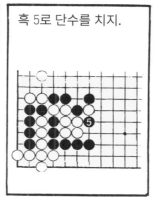

백 6으로 따먹지 않을 수 없고,
다시 흑 7로 단수.

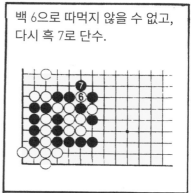

백은 이을 수는 없고
백 8로 아래쪽을 몰고 나오게 되는데

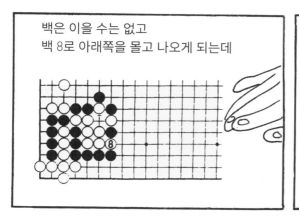

다시 무식(?)하게 흑 9로 단수.

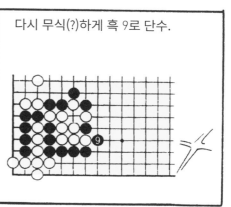

백 10으로
때리지 않을 수 없지.

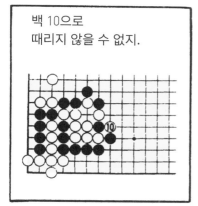

그러면 흑 11로 때리면서 단수.

자!
백은 이제
어쩔거야?

일견 패 형태 같지만, 이건 패랄 수도 없어.
흑이 무조건 와르르 들어내 버리면
바둑은 끝이니까.

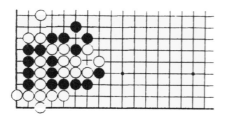

백은 할 수 없이 백 1로 일단 이어서
목숨을 부지해 보지만

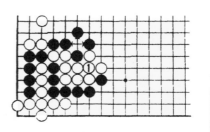

흑 2와 4로 꼼짝없이 축이야.

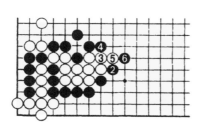

이제 와서 **a**로 때려 봐도
뒤로 몰아 그만이고
마냥 달아나도 결국은 마찬가지.

어때?
요 한방으로
끝 맞지?

그럼
고르콤게 안 도망
가고 말이여...

애초 흑 1로 한 칸 뛸 때
백 2 하는 수도 있지만

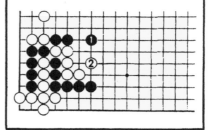

그 역시 흑 3으로 덮어씌우면
간단하지.

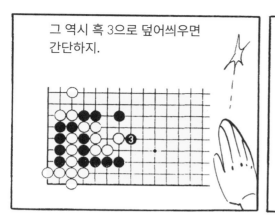

백 4로 젖히면 흑 5로
단호하게 끊어 버리고,

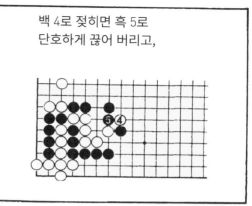

백 6과 8로 빵 때려
한순간 기분은 좋지만

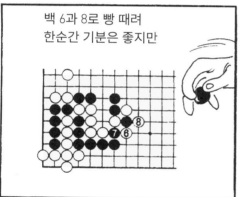

흑 9로 몰면
뿌리가 우수수 다 빠져 버리지.

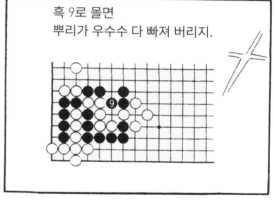

흑 1일 때 백 2로 멀찍이 뛰면
어찌 달아날 것도 같지만,

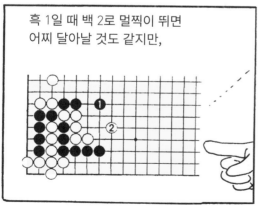

그때에는 흑 3으로 건너 붙이고

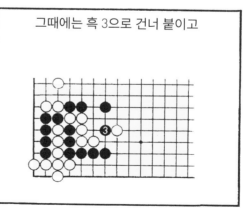

백 4로 나가면
흑 5로 무식하게 막아 버리고

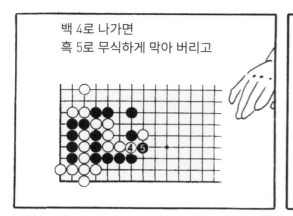

백 6으로 단수칠 때에는
흑 7로 같이 단수 치면 전멸이야.

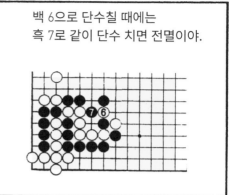

그렇구만!
쪼깐은 것이 잘도
봐 부렀네!

그날부터 할아버지는 내게
본격적으로 바둑을 가르쳤고

이기믄
아이스크림
사주는 거다.

다섯 점 바둑이 며칠 사이에 넉 점, 석 점, 두 점,

오잉!?
그렇게
심한 수가!

드디어는 선(先) 치수까지
내려갔는데….

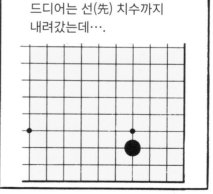

그래! 그래 가지고 니가 천재라 치고! 할아버지랑 어떻게 헤어졌냐 말이야!

잠자꼬 듣기나 해! 바루 요 대목이 중요한 수순이란 말이야!

선(先) 치수로도 나는 연전연승.

드디어 40년 1급의 할아버지와 호선이 되고,

졌지? 이젠 맞두는 거다~

마침내는 백까지 빼앗고,

바꿔!

꼭 고려줌 해야 쓰것냐?

다시 치수 고치기 10번기를 두어 신나는 9승 1패.

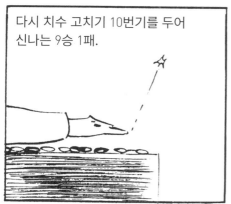

선으로 1승 9패면 느이 할아버지는 두점 치수네.

그런데 할아버지는 두점을 깔지 않았어. 절대루....

그래서 우리는 매일 싸웠어.

또 졌지? 빨랑 두점 놔!

졸립다. 그만 자잔께!

약속 했잖아? 빨랑 두점 깔란 말이야!

거 무슨 쓸데없는…

내가 하도 졸라 대자, 할아버지는 묘안이라고 내놓은 것이

바둑판 가져오니라! 두점 올라가기 5번기 다 !

그만큼이나 지고 또 무슨 올라가기 5번기 !

염치도 없어 !

그러나 올라가기 5번기도 결국은 나의 깨끗한 5연승.

됐지 ?

이것이 쉽게 죽을 돌이 아닌 다 ……

빨랑 두점 깔아!
내가 깔아줄까?

그래 좋다!
마지막 단판
승부다!

마지막 단판
승부는 또
뭐야?

네가 진짜로
나를 두점 접을 수
있나 최종테스트!

못말려!
못말려!

그러나 나는
그 단판 승부도 응해 주었어.

그 때 바둑
지금도 기억하냐?

당연하지!

저게 그 바둑인데 물론 내가 백이고. 지금 흑 둘 차례인데 어때?

글쎄... 잘 어울린 거 아냐?

전체적으로 흑 세력 백 실리인데... 흑이 두터워 보이는데?

할아버지는 한참 궁리를 하더니
흑 1로 붙여 왔는데,
그쪽 백돌을 은근히 압박하면서
하변을 흑의 골짜기로 만들겠다는
고등 전략이야.

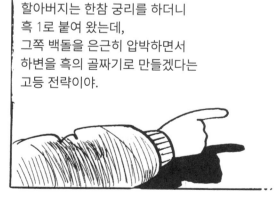

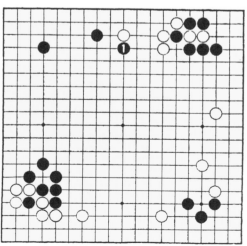

"붙이면 젖혀라!"
기훈대로 백 1로 젖히면 흑 4까지.
이건 흑의 주문이고,
이래서는 백의 불만이야.
아래쪽 흑 외세가
무언의 호령을 하는 것 같지 않아?

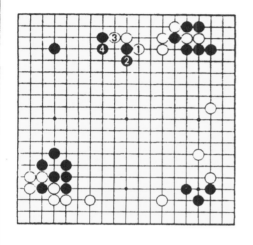

여기서는
백 1로 강력하게 젖히는 한 수뿐이라고
나는 믿었어.

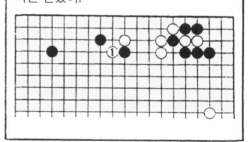

흑 2로 끊을 때 백 3으로 몰고

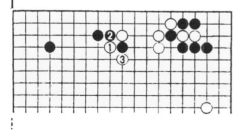

흑 4로 나갈 때 백 5 하나로
살그머니 나가는 게, 지금이 찬스.

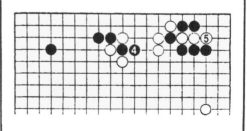

이때, 흑은 1로 한 점을 잡는 것이
기세 같지만 그러면 백도 2.
이것은 흑의 대손해.

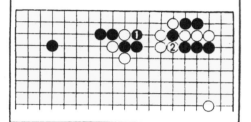

따라서 흑은 2가 정수고,
이때 백 3의 호구가 준비된 묘수로
흑 4와 6을 기다려 백 7.

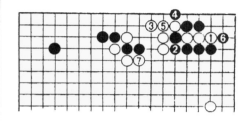

흑은 1로 몰고 흑 3 쪽을 끊는 한 수인데,
백은 4와 6으로 나온 뒤

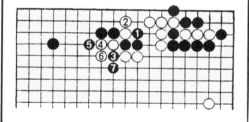

이번에는 백 8 쪽을 눌러 가면
흑은 9 할 수밖에 없고
그때 백은 맛좋게 백 10.

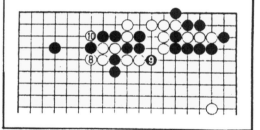

결국 서로 잡고 잡게 되는데,
이것은 흑의 실패라기보다는 백의 대성공.
여기서 일거에 '백의 바둑'이 된 것 같은
느낌이 들면 당신은 상수(上手).

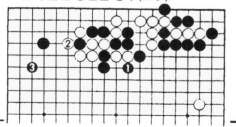

그런데 !

그래서 그 판을 이기고 느이 할아버지를 완벽하게 두점으로 만들고

어쩌면 두점 이상 치수일지도 몰라.

하지만 할아버지를 두점 석점 깔게 하는게 내 목적이 아니었어.

나는 어떡하든 할아버지를 따라나서 할아버지의 주무대로 가

할아버지를 괴롭히는 사람들에게 빨리 복수를 해 주고 싶었고

지금까지 잃었던 많은 돈을 되찾는 것은 물론

지불하고 두시죠.

지금 꺼내고 있잖냐!

어서 빨리 연탄가스 냄새 나는 지하실에서 이사를 가고 싶었어.

그래서 그렇게 했어?

실제로 어느날부터 나는 할아버지를 따라 나섰고, 할아버지도 그러는 나를 막지 않으셨어.

그랬는데 있지.

그냥 따라가 구경만 할 뿐, 할아버지는 나를 선수로 내세우지 않았어.

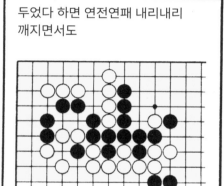

두었다 하면 연전연패 내리내리 깨지면서도

내가 몇 번이고 대신 두겠다고 사인을 보냈는데도,

졸리믄 저기 소파 가서 자랑께!

할아버지는 자기보다 두 점 이상이나 센 나를 결코 대타로 세우지 않았어.

반면 한집인가?

나는 늘 위기에 몰리는 할아버지의 위태위태한
행마를 보며

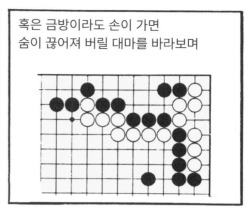

혹은 금방이라도 손이 가면
숨이 끊어져 버릴 대마를 바라보며

실제로 날카로운 적의 공격으로 무너져
으스러지는 할아버지의 진영을 바라보며

나는 얼마나 얼마나 분해 하고 슬퍼했는지
몰라.

빠져두면
한 수 빠른데!

거 진짜 이상한
영감이네! 도대체
이유가 뭐야?
통치능력도 없으면서 왜
장기집권 하겠다는
거야?

드디어 연탄을 들여 놓을 돈을 깡그리 다 날리던 날.

나는 싸울 듯이 따져 물었어.

도대체 이유가 뭐야? 그렇게 지면서 ……

내가 두면 그정도 하수들쯤 간단히 보낼수 있다고 몇번을 말했어!

까불들 말어. 호적에 잉크 마른지 이제 겨우 며칠이나 됐다구 쪼깐은 것이!

내기바둑 두는데 나이제한 같은게 있는거야?

그런거야 없지만도 내기란게 바둑만 잘 둔다고 이겨지는 것이 아녀!

그게 무슨말 이야? 바둑 에서 바둑 세 면 이기는거지 ……

세상만사 경험이여.

무슨 경험! 꼬리 떼 주면서 따숭이 도망다닌 경험?

결국 할아버지는 내 바둑이 강하긴 해도 아직 돈 걸기에는 미덥지가 않다는 것이었어.

그 말은 곧 내기 바둑에서는 기술보다 강한 심장과 노련함이 우선이며

곧 할아버지 자신이 그런 사람이라고 굳게 믿었던 거야.

하지만 할아버지의 오랜 경험이란 「오랜 하수생활」을 한것 외에 아무것도 아니고 있지,

심장도 강하지 않은것이, 심장병이 있어가지고 매일 약 사먹는데 어떻게 강한 심장이랄 수가 있어?

말 되네!

그 대목에서 미미를 데리고 카페를 나왔는데, 어느새 밖은 밤이더군.

싸늘한 밤 하늘을 물끄러미 바라보던 미미가 불쑥 내뱉었다.

나는 결코 "노인을 그렇게 말하는 게 아니야!" 식으로 핀잔을 주지 않았다.

대신, 나도 한 소리 때렸다.

아닌 게 아니라, 노파심 정도로 보아 넘기기에는 너무너무 성이 안 차는 너무 한심스런 영감인 것이

계속 물러날 줄을 모르고

그 알량한 바둑으로
계속 선수 생활을 고집하는 바람에

두방 인가?

이제 그만 두고 집에 가자.

결국엔 지하실 전세금마저 날리고

어린 미미를 데리고 그야말로 거리로 나앉았다는 이야기다.

춥냐? 쉐타 꺼내 주랴?

노인….

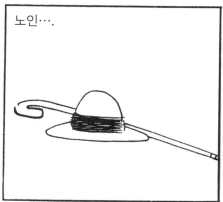

나는 한때 노인이야말로 이 땅을 개간하고
부흥시킨 지식과 경험의 집대성이라 믿었다.

먹고 살만하게 된 이 나라를 젊은 2세 3세들이 다 망친다고 주장하던 1인이었지만

이젠 아니야!

새로운 도약과 진보를 막는 진짜 장애물은 바로 너희 할아버지같은 고집통 늙은이들 아니고 뭐야!

성서에 나오는, 천국가는 길을 가로막고 서서, 저도 못가고 남도 못가게 하는 거짓선지자 아니고 뭐야?

갑자기 웬 천국?

나도 언젠가 노인이 될 텐데, 그날 내가 왜 그렇게 흥분했는지 모르겠어.

그래서 어됐어, 그 영감!

아마도 일부 그릇된 지배 계층에 대해 알게 모르게 쌓여 온 불만 같은 것들이

그날 그렇게 어문 데서 폭발된 게 아닌가 싶어.

쳐죽일 놈들!

그러나 나중에 안 사실이지만, 미미가
"할아버지 못됐어!" 한 것은

노인에 대한 원초적(?) 불만이 아니고
엄청난 범죄 행위에 대한 당연한 원망이었다.

할아버지는
내기바둑 밑천을
장만한다고 나를
데리고

은행융자라도
받으러 갔냐
?

은행이 아니고 어면
돼지갈비 파는
친구집이었어.

돼지 갈비집 하는
친구한테 돈을 꾸러
갔다 말이지.

아니 ! 우리 할아
버지는 남한테
돈 꿔 달라고 손
못벌리는 사람
이야.

그럼 ?

그 돼지갈비집 할아버지도 우리 할아버지랑 같은 1급 이셨어.

내기바둑을 두러 갔었단 말이냐?

응.

방내기 바둑!

나는 무슨 소린지를 통 모르겠네.

내기바둑 둘 밑천이 떨어져 돈 구하러 갔다며?

그렇다니까!

내기바둑 둘 돈이 떨어졌는데 어떻게 내기바둑을 두어?

돈도 없이 그냥 간 거야.

그냥 두는 내기바둑도 있냐?

할아버지가 실수 한번 안하고 그렇게 판을 잘 짜 나간것은 아마 그 바둑이 처음일거야.

그래 가지고 글쎄 누가 이겼냐 말이야 어느 영감이 !?

왜 이리 대가리하고 꽁지밖에 몰라? 지금 이 대목이 하이라이트인데 !

지면 관계상 초반과 중반의 수순은 생략하고,
그 바둑은 보다시피 서로 팽팽하게 아주 잘 어울린 백중의 형세인데

흑이 호락점가는 제법 만할군 !

문제는 좌상귀.

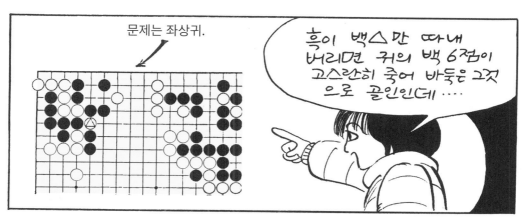

흑이 백△만 따내 버리면 귀의 백 6점이 고스란히 죽어 바둑은 그것으로 골인인데……

실제로 백 △은 달아나도 현재는 축이야.

그렇군!

그렇다면!?

관건은 백이 축머리를 여하히 쓰느냐인데 고심고심하던 돼지갈비집 사장이

십여 분간 쪼물락거려 땀이 잔뜩 밴 백돌 한 개를

딱

흑이 4로 축을 해소할 때
백은 5쯤으로 중앙을 크게 둘러싸는데
이것은 백의 대성공.
흑이 반면으로 지는 그림이다.

맞아?

그럼군!

그래서 흑은 2로 이어 두지 않을 수 없고, 백은 유유히 3.

응?
왜 거기를
잇지?

불행히도 △에 백돌이 채워지면
당장 백 5로 달아날 수가 있으니

이제 좀 이해가 가?

흑은 4로 방비하지 않을 수 없는데
그러나 바로 다음 순간….

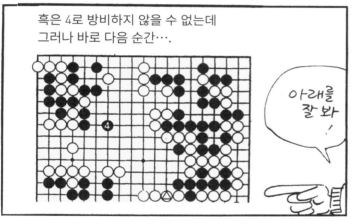

아래를 잘 봐!

엄미! 이거이 무여?

백 5로 한 점을 키우고 흑 6 할 때

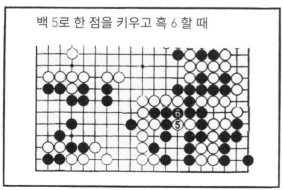

백 7로 궁도를 좁히고 흑 8로
버텼는데

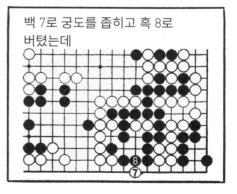

가만히 백 9로 모니 흑 전멸.

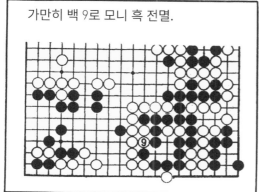

백 9 때문에 어이없이 죽은 하변의 흑 대마를 하염없이 바라보던 할아버지는
벌떡 일어나셨어.

돈을 꺼내는 줄 알고 갈비집 아저씨의 얼굴이
훤해졌는데,
할아버지는 곧장 밖으로 나가 버렸어.

백만 원은커녕 지갑 속에 백 원짜리 동전
한 개 없다는 것을 누구보다 잘 아는 나는
간이 콩알만해졌어.

결과론이지만
축을 정확히 읽지 않은
좌상귀 흑의 작전은
처음부터 무리였어.

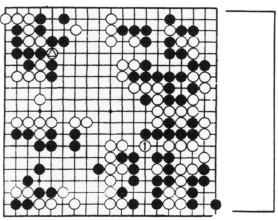

그러나 할아버지는 화장실에 없었고

한 시간이 지나도 어찌 된 셈인지
갈비집 내실로 돌아오지 않았어.

이거 무여?
도망을 간거
아녀?

큰길까지 나가
봤는데 없어요!
아저씨가 좀 찾
아봐 주세요.

결국 할아버지는
그 바둑을 지고서
증발해 버린거야!

너를
두고?

물론 처음 하루이틀은

이 영감, 쩌돈 없이
바둑두고 허둥지둥
돈 구하러 갔구만!

나를 우습게 봐도
유분수지! 그딴 화초
바둑 가지고 내 돈 백만냥을
날로 먹을줄 알았남?

그러나 일주일이 지나고
다시 또 일주일….

그리고 한 달이 지나도 할아버지는
나타나지 않았어.

그제서야 "어린 것이 가엾다",
"노인이 너무했다!"며 그림책도 읽어 주고

돼지갈비도 손수 구워다 주며 신경 써
보살펴 주었지만

먹으랑게!

진짜 워쩌큼 된거여?
교통사고를 당했으믄
신문에라도 났을
것인디······

끔찍한
말씀
마세요.

차츰 나를 귀찮아하는 것 같았어.

친척 읎냐?
어디 전화걸
데두 읎어?

당연하지. 돈 백만원 먹으려다 큰 혹 하나를 떠 안 앉으니.

나중엔 밥 먹을 때 마다 눈치가 보였어.

도대체 느이 할아버지는 어딜 간거냐?

그 갈비집 아저씨 말대로 돈을 구하러 갔을 거야. 어쩜 지금 까지도!

난 할아버지를 알아! 집세를 못내도 바둑진 벗은 세상 없어도 갚는 그 기풍!

그럼 할아비 올때 까지 그 집서 기다려 야지 왜 덜렁 나와 버렸어?

덜렁 나온게 아냐!

그럼....

돼지갈비집 아저씨가 한참 동안 내 얼굴을 빤히 내려다보다가 입을 열었다.

웃겨 부럿네 요 쪼깐은 것이.

2백만원 어디 봐! 그 영감에 그 새끼를 어떻게 믿어?

현재는 없지만 갚을 수 있어요!

어떻게?

껌팔이 해서 모으면 2백만원 정도 몇달이면 만들수 있어요.

코딱지만 한게 개그하구 있네.

좋아요! 그럼 이렇게 해요.

아 시끄러! 입에서 나온다구 그게 모두 말이 아닌거여!

내가 지면 아저씨네 갈비집 종업원 해드릴게요! 요즘 일손 없어 중국여자 쓴다면서요?

너가

그 쪼깐은 손으로 쟁반을 나르고 고기를 잘라?

결국, 또 한 차례 실랑이 끝에 2백만 원짜리 노소(老少) 대결이 성사되었다.

쪼깐은 너도 1급이더라 이런 야그냐?

쪼깐은거 쪼깐은거 하지말고 어서 쥐기나 하세요!

돌을 쥐어 흑백을 가린 후

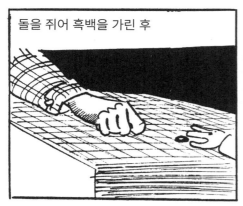

내 쪽에서 오히려 더 굳게 다짐을 받았다.

대포치기 없어요!

이 나이에 칠게 따로 있재!

내기 바둑에서 대포란

이게 아니고!

포천 막걸리

그렇다고 이런 것은 더욱 아니고

지고 나서 돈을 안 내는 것을 말한다.

내일 줄게!

나의 백번, 내 생애 최초의 내기 바둑.
동시에 세계 최연소 내기 동네 입문(入門)일 거야, 아마.

그래 가지고 이겼어?
이겨서 할아버지
빚을 갚은거야?

꼭 모르게 남
이야기 허리를
자르고 들어오지.
경박하게 !

지면이 아깝잖냐?
빠랑 결과부터
읊어 봐 !

안돼!
그 바둑을 꼭 봐야 돼!
내용도 충실하고.

특히 아찌같은
후학을 위해!

뭐 ?
무슨 학?

돼지갈비집 아저씨의 흑 1 소목으로 시작된 그 바둑.
나는 노타임으로 백 2 화점으로 응수하면서 가벼운 낙승을 예감했어.

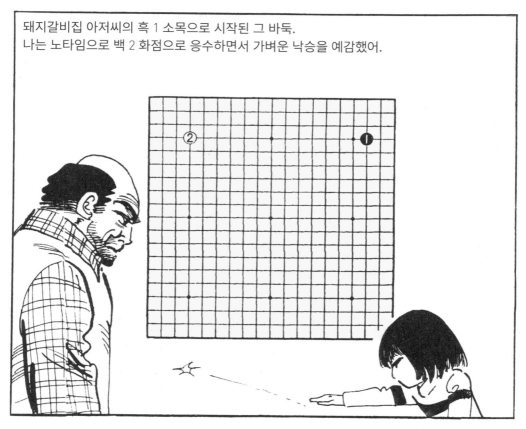

어떤 스님이 "해를 가리키면 해를 봐야지 손가락을 왜 보느냐?"고 했다지만

대개의 아마들은 반상에 떨어지는 돌을 보고 궁리는 않고

즉, 돼지갈비집 아저씨도 '쪼깐은' 나를
깔본 나머지

그러면 대개 마구잡이식 무리수로 나오게
마련이고

어느 순간 필연코 와르르
무너지게 되어 있는 것이 바둑이야.

일본 사람들은 그것을
'히토리 스모(혼자 씨름)'라고 하는데

아닌 게 아니라, 프로들까지도
상대한테 지기 보다는

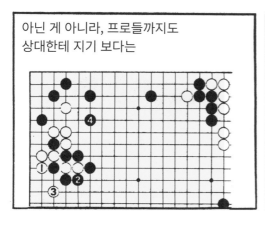

자기가 지는 길로 가서 져 주는(?) 경우가
훨씬 더 많아.

흑이 대각선으로 다시 3 소목에 착점했을 때
나도 고저 장단을 맞춰 백 4 소목.

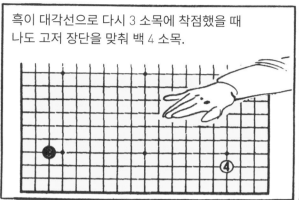

그래 놓고 이 아저씨가 과연 어디로
걸쳐 올 것인가 기다렸는데….

나의 백 4에 갈비집 아저씨는 한참을 생각하더니
5로 귀 하나를 굳혔는데, 그 평범한 일자 굳힘이
느슨한 내 신발끈을 다시 동여매게 한 한 수였어.

먼저 걸쳐 갈 수도 있고 굳힐 수도 있는 '오야 마음'이지만, 그날의 굳힘은

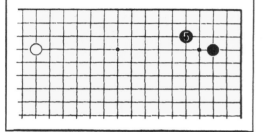

어린애라고 결코 경적하지 않는다! 적어도 내게는 그런 뜻으로 비쳤고

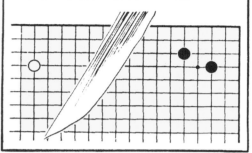

내가 6 먼저 걸쳐 갔을 때 즉각 응징(?)으로 나오지 않고

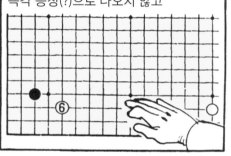

손을 빼서 유유히 7 쪽으로 걸쳐 오는 데서 나는 야릇한 강미를 느꼈어.

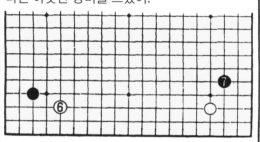

나 역시 물결을 타듯, 조금 덜 치열한 두 칸 높은 협공을 들고 나가자

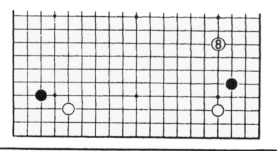

흑은 초장부터 돌다리를 두들기듯 신중했어.

흑 1 마늘모에 이하 6의 벌림까지
실전에 흔히 등장하는 포진이지만,
그러나 이것은 백의 주문.

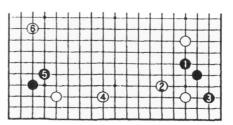

과연 갈비집 아저씨는 본능적으로
상대의 주문을 거부하고

캥거루가 점프를 하듯 흑 9 가벼운 두 칸 뜀.

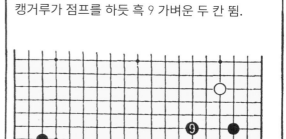

바둑은 뜻밖으로 백을 쥔 내 쪽에서
더 적극적으로 나가

즉각적으로 백 10 적의 허리를 움켜쥐고
12로 끌었는데

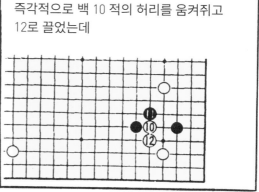

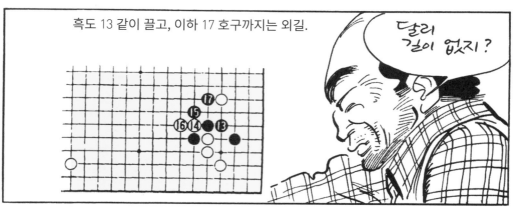

흑도 13 같이 끌고, 이하 17 호구까지는 외길.

달리 길이 없지?

대개들 이런 데서 백 1 단단히 한 점을 잡고 흑 2 때 백 3(**가나다라** 눌러 놓고 갈 수도 있다).
이것은 웅장한 구상 같지만 백집이 하도 넓어
흑이 깊숙이 뛰어들었을 때 꼭 잡을 수 있을지 두렵다.
돈이 크게 걸린 판에서는 피하고 싶은 그림이다.

그래서 나는 고심 끝에
18로 일단 한 점을 살려 놓고 보기로 했어.

흑이 1로 앞길을 가로막고 나오면
백 2 호구가 틀.

그러면 흑 3이
재미있는 수로
나는 그 후속 수를
연구하고
있었는데….

흑은 엉뚱(?)하게도 19 급소 일격으로 나왔고

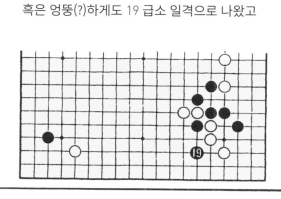

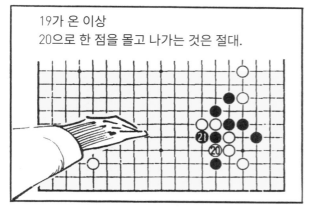

19가 온 이상
20으로 한 점을 몰고 나가는 것은 절대.

우잇미!
쪼깐은 것이 정석을
전부 알고있어 부렀네!

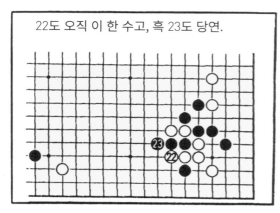

22도 오직 이 한 수고, 흑 23도 당연.

자! 백의 다음 한 수는?
이 정도를 한눈에 척 모르면 진짜 하수.

아찌
알아?

글쎄… 나같은
후학이 그런 어려운
수를 알것냐?

백 24는 오직 이 한 수.
다른 어떤 곳에 두어도 모두 악수.
(초심자는 외워 둘 것.)

어떤 힘 좋은 하수는
흑 21 두 점을 끌고 나올 때

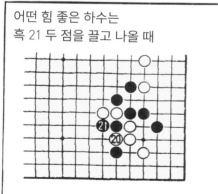

자기가 무슨 터미네이터라고
위쪽을 꼿꼿이 서는데….

백 두점도
살릴 겸 !

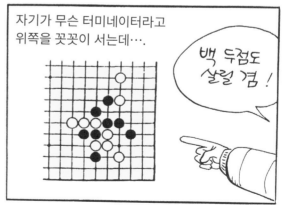

그것은 흑 8에 손이 돌아와
위쪽 3점과 **a**를 맞보아 대불리.

그런가?

따라서 24는 경쾌하고 우아한
고수 행마의 전형.

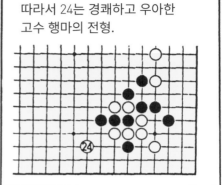

백이 좋은 자리를 차지했으니
흑 25 육박도 기세이자 요처.

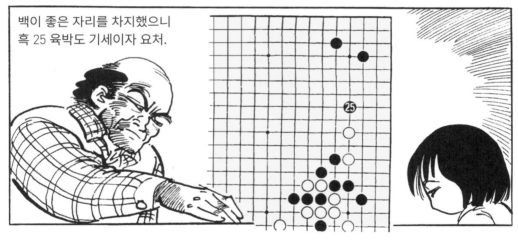

엇! 그럼 백 두점이
어떻게 되는거야?
당장 괴롭잖아.

그렇다고 한꺼번에
두곳을 다 둘수는
없잖아.

한때 1 장문 치는 얼빠진
정석이 유행하기도 했는데,
이것은 백 2로 양쪽을 다 둔
꼴에다 a의 맛까지 남아
흑의 실속 없는 그림.

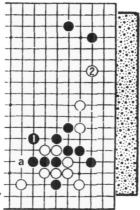

그런가?

흑에게 25를 맞은 이상
백도 아래쪽 흑 세 점을 압박한다고
힘차게 26 짓눌러 갔는데….

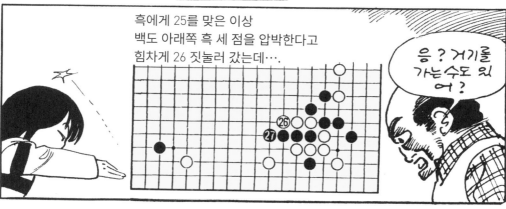

응? 거기를
가는 수도 있
어?

하지만 나는 금세 후회했어.

아차!
차!

두고 보니 힘차다기보다는
상당히 둔중한 행마였어, 역시 그 수로는….

무겁게
밀어갈
것이 아
니고!

백 1로 이쪽을 씌워 갈 자리였어.
흑으로서도 저 위로 눌릴 수 없어 2.
그러면 백 3 잡고 이하 11까지….
역시 이 편이 유리했어.

흑집이 가운데로
무량대가로 불어날 것
같지만 한쪽으로만
치우친 일방가거든!

그렇군!

그러나 이미 손이 나갔으니
되무를 수는 없는 일이고.

내친 김에 28 하나 더 눌러 놓고 30 뛰어
이것도 아쉬운 대로 할 만한 것 아닌가 했는데….

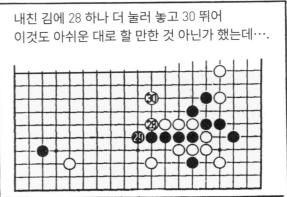

돌 소리도 요란스럽게 잘그락대던 흑이

가만히 31로 하나 붙여 왔는데 이 수가 뜻밖으로 좋은 수였어.

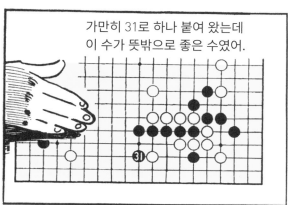

여기서 백의 바른 응수는 1로 가만히 참아 두는 한 수뿐이야.

너무 얌전하다 붙이면 젖혀야지!

하수들은 그 알량한 격언 땜에 늘 하수인거야.

저 경우는 무조건 1로 꼿꼿이 참는 한수야.

그런데 왜 그렇게 안됐어?

그런데 나는 백이 그렇게 참으면

흑 2 마늘모에 백 3은 필쟁의 요소.
계속해서 흑은 성큼성큼 뛰게 되고 백은 7로 한 점을 제압하긴 하지만
흑 8까지 되어 백의 답답한 바둑이 된다고 보았어.

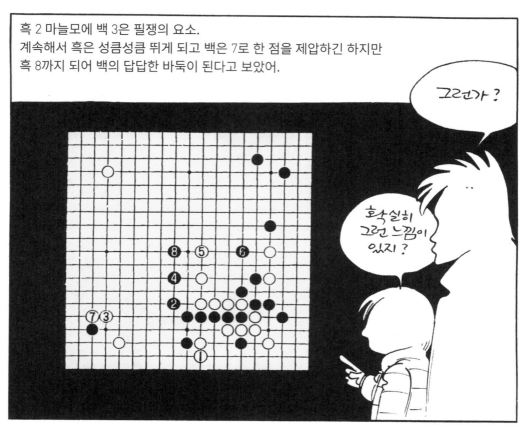

그런가 ?

혹시 그런 느낌이 있지 ?

그래서 나는 가차(?) 없이 32로 젖혀 버렸는데
이 수가 준패착성 과수였어.

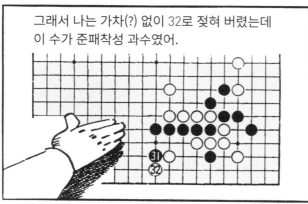

응 ?

그건 왜 그렇지 ?

잘 봐봐!

33에 백 34 따라
밀지 않을 수 없을 때

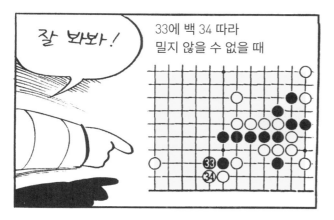

35 하나 끊어 둔 수가
절묘한 한 수가 된 거야.

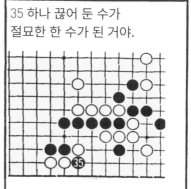

그게 뭐야?
거기 끊는다고 수 되나?
공연히 한 알 보태준거
아냐?

이러니
백날 가도
하수지!

여기서 백이 튼튼하게 둔다고 **가**로 받으면
흑 **나**가 너무 아픈 선수가 된다.

하는 수 없이 36 잡지 않을 수 없을 때
흑은 유유히 37. 이것으로 '흑 바둑'이 된 거야.

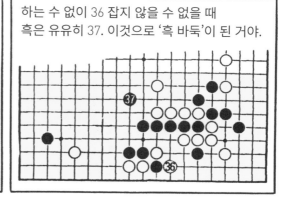

흑이 하나 끊어 둔 수는 참으로 절묘한 한 수였어.

정말 대단한 아저씨지 !

난 어려워서 무슨 소린지 도대체 못알아 듣겠네 !

무슨 절묘 ?

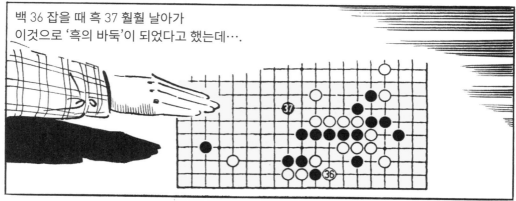

백 36 잡을 때 흑 37 훨훨 날아가 이것으로 '흑의 바둑'이 되었다고 했는데….

흑이 하나 끊어 둔 것이 어째서 절묘하냐면

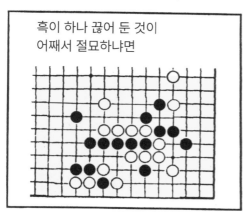

지금 당장은 **가**로 끊고 **나** 때 **다** 해도 **라**로 아무 수가 안 돼도

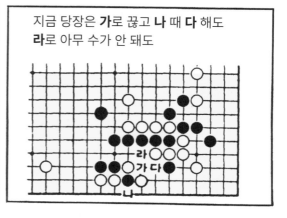

그러나 만약 **가** 쪽에
흑돌이 오는 날에는

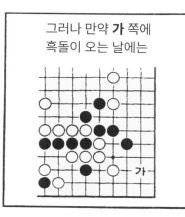

보다시피 즉각 수가 나는 거야.
바로 이래서 흑이 소리 안 나게
대수지를 맞추고 있다는 것이야.

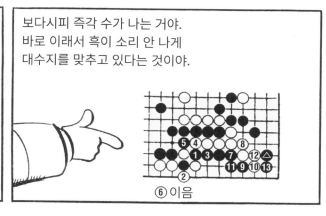

⑥ 이음

나는 당장이라도 경솔한
내 손을 꼬집어 뜯고 싶었어.

이 급한 판에 그 자체로
'18집 크기'라는 흑 **가** 일자가 선수가 된다면

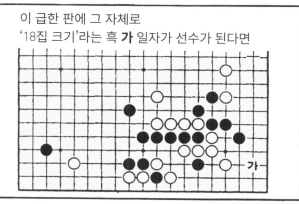

그 자체로 흑은 덤 이상을 벌어 놨고
백은 패배를 확보해 놓은 것 아니겠어.

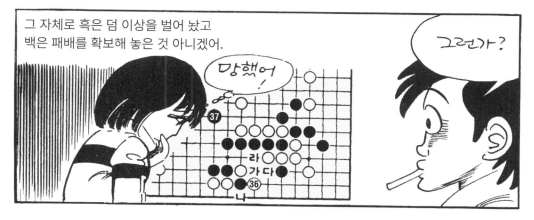

망했어!

그런가?

아니나 다를까!

갈비집 아저씨 입에서 어느 사이엔가 자기도 모르게

백만원이라뇨?

어머 아저씨!
이거 2백만원 판
이잖아요!

시방 현재 백만원은 확보해 놨다~ 이런 야그였어.

얄밉지만 그 말은 정답이었어.

아시네 이 아저씨. ㅇㅇ

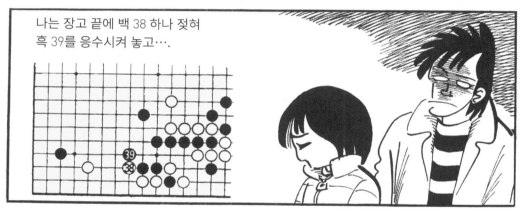

나는 장고 끝에 백 38 하나 젖혀 흑 39를 응수시켜 놓고···.

어····
아저지

지금 내 얘기 듣고 있어?

아저씨 존다.

바둑 재미 없어?

재밌어.

그런데 왜 좋아?

좋으니까.

그럼 많이 좋아.

어 이봐! 어디 가는거야?

어디갔어 이거!

어디 숨었어?

아찌와 나를 이어주고 있는것은 인연도 운명도 아니고 우연도 아니야.

우리를 잇고있는 것은 바둑이야.

그런데 바둑이 흥미가 없다면 우리 관계는 끝난거야, 잘 있어.

흥미가 없기는!

좋았잖아.

너무너무 바둑이 재미있어 눈을 부릅뜨다 보니 그만 눈이 침침해져 갖고 있잖냐···

거짓말!

정말이야! 지금 내 인생에서 바둑 빼면 뭐가 남냐?

그래. 아찌는 바둑을 좋아해.

그렇다니까!

하지만 일부분만 좋아해.

묘수나 귀수 혹은 대마가 왕창 날아가는, 대판싸움 혹은 만패불청 천지대패

솔직히 바둑이 그래야 볼만 하잖냐?

그러니 평생 하수를 못면하지!

대마가 죽고 죽이기 까지의 과정이 바둑인거야.

아 물론 그야 .....

야구의 꽃이 홈런이라고 하지만

홈런이 나오기 전까지의 하나 하나 과정을 즐길줄 모른다면 그건 야구팬이 아니야.

그저 눈에 보이는 「당장 즐거움」밖에 모르는 하수 !

하긴 아직 책임이랄 수도 없어.

사회 전반에 깔린 날라리 증후군 이니까.

?

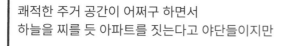
쾌적한 주거 공간이 어쩌구 하면서
하늘을 찌를 듯 아파트를 짓는다고 야단들이지만

겉만 화려하고 속이 부실한 구조물이 태반이란 소리 신문에서 봤지?

바둑의 집짓기가 바로 사람사는 집짓기 인것 이야!

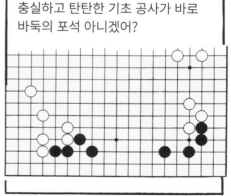

충실하고 탄탄한 기초 공사가 바로 바둑의 포석 아니겠어?

그런데 대부분의 건축가들은 길을 닦고 학교를 세우고
시장, 병원, 놀이터를 마련해 놓고 집을 짓는 것이 아니고

덩그런 벌판에 집부터 달랑 지어 놓고

사람들 입주할 때 길 만든다고
난리법석이야.

그것은
집이 아니야

포석도 않고 대마부터
잡으려 드는 아찌같아!
멍청이같은 하수!

이런 쌍!

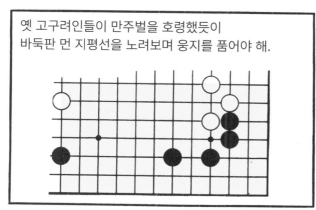

화가처럼 포부를 그려 나갈 줄 알아야 하고

음악가처럼 리듬을 알아야 하고

군인처럼 돌진할 줄 알아야 하고

수양을 쌓은 노인처럼 참을 줄 알아야 하고

잔인한 킬러처럼
무자비하게 죽일 줄 알아야 하고

막이 내린 무대를 떠나는 배우처럼
떠날 줄 알아야 해.

김달호 아찌라는 생명은 어떤 생각을 품고 살아가고 있어?

내참!

흥흥

이 꼬딱지만한게 진짜 웃기고 있네.

내가 그래.

내가 바로 그 요소들을 다 가지고 사는 사람이라구!

그래? 그것들이 아저씨 어디에 들어있는데?

요기!

그리고 요기!

거짓말!

거짓말인줄 다
아는데 또 거짓말을!

내가 아까 머리랑
가슴 속에 든거
다 말해 봐?

그래!
있어 야망은.

그렇다
니까!

멋있는 여자를 만나
차를 마시고 뽀뽀 하고
싶은 야망.

앗!
이게 진짜로
아는데!

또 있어.

근사한 외제 자동차 타고 압구정동이나 신촌을 배회 하고싶어 해.

그리고 골프장도 가고

유럽이나 미국, 일본, 남태평양을 두루 다니고 싶고

밤이면 각국의 미인들과 어울리고 싶고.

원셧!

맞지?

왜 아니겠냐.

그런데 그것들이 다 마음같이 안되는거야.

왜?

멋있는 여자를 찾지만 아저씨가 멋있지않기 때문이야.

내가 전에도 말했지?

골프를 치고 외제차를 타고 싶지만 여건이 전혀 아닌거야.

맞지?

대마를 잡는 것이 제일 신나고 좋은데 어디에 대마가 있는지, 어떻게 잡는 건지 전혀 뒷받침이 없는 것같이 말이야.

이 주방울만 한게 사람을 가지고 놀고 있어.

결국 아저씨는 지금 이대로일 수 밖에 없는거야.

지금 이대로가 뭐 어때서?

내가 다시 정리를 해 볼까?

아침에 일어나
이 닦고!
세수하고!
밥먹고!

괜찮은 여자 없나~
기웃거리다가
가끔 떡지도 맞고
물도 먹고

술도
먹고

바둑 두어서
깨지고 화나서
다시 술먹고

집에 가서
자고

아침에
일어나고

다시 이닦고
세수하고
밥 먹고

이거 왜 이래!
내가 얼마나 생각이
많은사람인데!

생각만 많고
실제생활은 늘
그렁쟎아!

이 닦고, 세수하고, 밥 먹고,

기웃거리고,

기집애 쌈쌈한데 ...

딱지 맞고,

할 일 없이 바둑 두고,

만방으로 깨지고,

바둑판의 돌이 다 죽는수도 있네.

성질나서 술 먹고,

집에 가서 누워 자고,

다시 일어나서 이 닦고 세수하고 밥 먹고

그만! 그만 하라 그랬다!

다시 이 여자 저 여자 기웃거리다가 물 먹고 딱지맞고

화났어?
아찌

화 났구나.

안났어!

따라와!
아찌 젤 좋아하는
데 데려갈게.

응? 진짜?

지금 아찌
머릿속에 떠
오르는게 뭐 뭐야
?

응 그야……

이 두개는 알겠는데

이건 뭐야?

응 그거?

피곤하니까 잠 자려고.

베개는 집에 아찌 방에도 두 개나 있잖아?

응. 아찌는 호텔방 베개를 유독 좋아 한단다.

알았어! 그럼 저기 호텔 데려다 줄테니까 가서 자!

이런 쌍!

비싼 호텔을 누가 혼자 가?

어!
어른이 울어?
맛있는 술 놓고
왜~?

우는게 아니고
하도 내 신세가 기가
막혀 자책하는거야.

술 먹게 해 주는데
왜 그런 안좋은걸
한다고 야단이야?

몰라도 돼!

그래서
막 슬퍼?

그래. 그럼 바둑
계속 보여 줄테니까
봐!

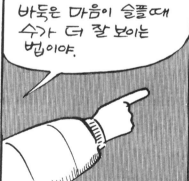

바둑은 마음이 슬플때
수가 더 잘 보이는
법이야.

백 40 마늘모.
일단 이렇게 중앙 말을 달아나 두지 않을 수 없는 것이,
이 판국에 거꾸로 흑 40 자리까지 얻어맞으면
바둑을 더 둘 수가 없어.

요것이 눈치가 빠르당께!

생각나?

뭐야? 백이 계속 도망가는 형세잖아.

백 40에 흑도 유유히 41.
그러나 백은 이쪽을 돌볼 겨를이 없어.
(백이 **다**로 나오면 즉각 흑 **가** 선수를 활용당해
견디지 못한다.)

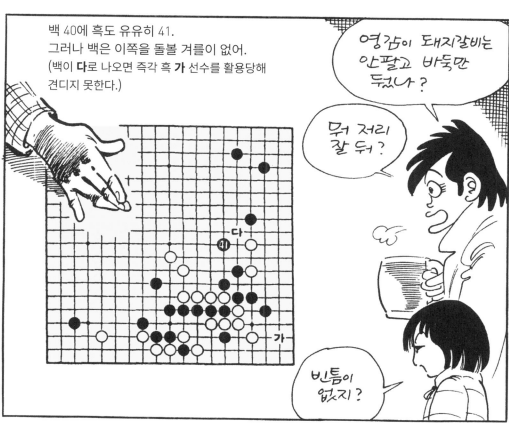

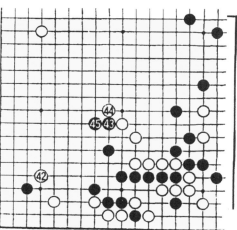

영감이 돼지갈비는
안팔고 바둑만
뒀나?

뭐 저리
잘 둬?

빈틈이
없지?

백이 42 자리마저 뺏길 수는 없어 씌워 갔을 때
흑은 즉시 43 붙이고 45 두텁게 늘었는데,
이 수가 당연하면서 아주 적절한 타이밍이었어.

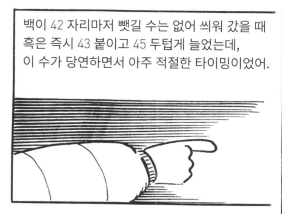

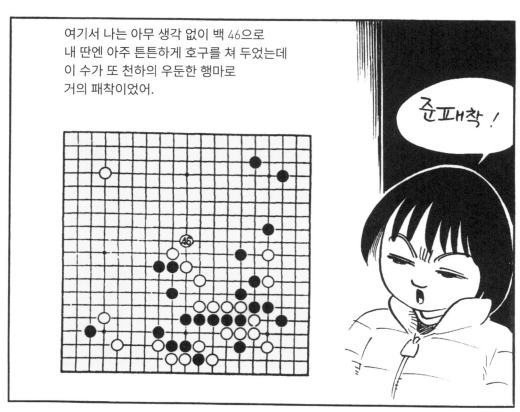

여기서 나는 아무 생각 없이 백 46으로
내 딴엔 아주 튼튼하게 호구를 쳐 두었는데
이 수가 또 천하의 우둔한 행마로
거의 패착이었어.

준패착 !

저 수가
어때서 ?

대개들 저렇게
호구쳐 두는게
모양 아냐 ?

모양은 모양
이지.
나쁜모양 !

흑이 즉각 47 들여다보고 49 하니
백은 그 자체로 우형일 뿐만 아니라
대마가 칡수만 칡뿌리같이 늘어졌지,
그야말로 집도 절도 없는 꼴이야.

그런가 ???
호구칠 때는 맵시가
있어 보이더니
형태가 우그러졌나?

호구 치는 수로는 역시 백 1로 비켜 뛰고,
흑 2 때 백 3 꼿꼿이 서 두고 백 **a**를 엿볼 자리였어.

그래.
그게 역시
정수였어 !
이런 바보
멍청이 !

갈비집 아저씨도 그것을 아는지 음흉한 웃음 사이로 자신 있게 중얼대고 있었어.

자! 한 집도 안 난 백 대마가 빈삼각의 흉한 몰골을 해 가지고
질질 중앙으로 끌려 나온 현재의 국면.
수치로 따져서 과연 백이 어느 정도 비세일까?

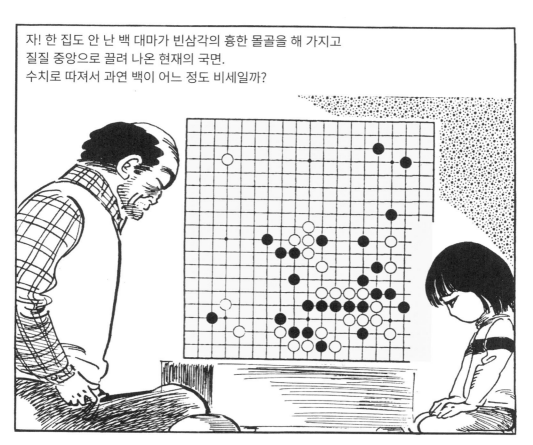

갈비집 아저씨는 허리를 꼿꼿이 펴며
또 지꺼려 대고 있었어.

한 160은 확보
되엇즈지?

그래
160은 먹엇군.

171

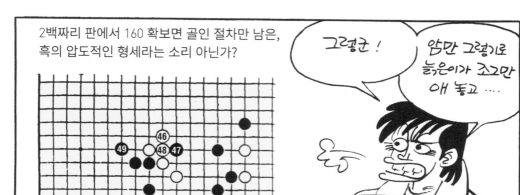

2백짜리 판에서 160 확보면 골인 절차만 남은, 흑의 압도적인 형세라는 소리 아닌가?

그렇군!

암만 그렇기로 늙은이가 조그만 애 놓고….

아냐. 170은 무난히 목표권에 들어와 버렸네요.

아저씨 아직 바둑 두는 중이잖아요 자꾸 그러지 마요! 생각을 못하겠어요.

아니다. 180은 확보 되었어!

185?

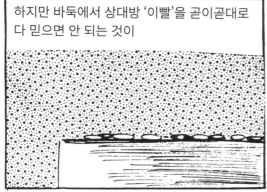

하지만 바둑에서 상대방 '이빨'을 곧이곧대로 다 믿으면 안 되는 것이

흔히 아마추어 꾼 중에는 아직 죽지도 않은 멀쩡한 대마를 놓고

흐음!

미안해서 어쩌지?
내가 너무 큰 대마를
잡았나?

무임?

괜한 공포탄에 깜짝 놀라 가지고 허둥대다
진짜로 대마를 죽이는 일이 있어.

허둥 지둥!

나는 갈비집 아저씨가 다시 또 '190만 원' 운운했을 때
매정하게 무시해버리고 백 50 역으로 씌워 갔어.
나는 이것으로 백도 결코 비관적은 아니라고 믿었어.

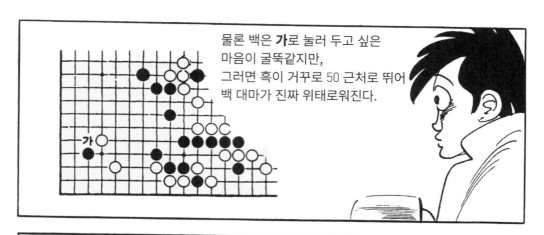

물론 백은 **가**로 눌러 두고 싶은
마음이 굴뚝같지만,
그러면 흑이 거꾸로 50 근처로 뛰어
백 대마가 진짜 위태로워진다.

흑이 또 중앙 백을 믿고서
흑 1 하나 몰아 놓고,
나와서 끊는 수가 있지만

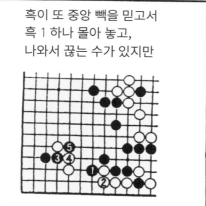

그러나 그것은 이하 14까지
백도 나쁘지 않아.

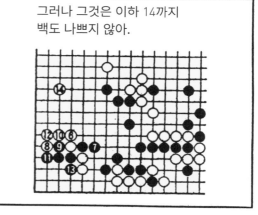

갈비집 아저씨도 그 수순을 읽었는지
한참 뜸을 들이더니

일단 51로 두 칸 뛰어 동태를 살펴 왔는데
사실은 느슨해 보이는 이 수가
좌하귀를 밀고 나와 끊겠다는 매서운 노림수이기도 해.

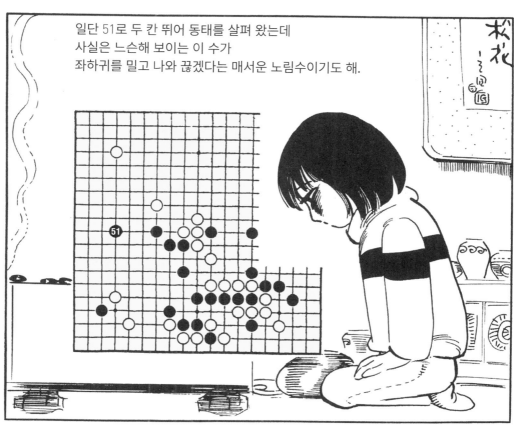

따라서 52로 눌러 둔 것은 절대이면서 기분 좋은 자리.

그렇지!
일단 그 한점을 챙겨
놓고 봐야지!

175

요처를 뺏긴 흑으로서는 중앙 백을 공격할 차례인데.
자, 과연 공격의 급소는?

얼핏 **가**로 밭 전(田)자 중앙을 째고 싶지만
그러면 백 **나**로 받아 백이 간단히 한숨 돌린다.

아니나 다를까!

돌 소리도 매섭게 '딱!' 하고
날아온 수는 흑 53의 붙임.
참으로 날카로운 한 수였어.

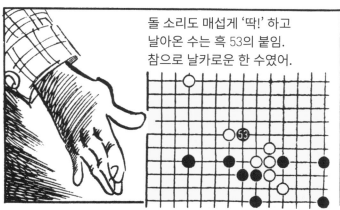

흑 53이 온 이상 백으로서는 다른 길이 없어.
'붙이면 젖혀라' 했다고 **가**로 젖혔다간 **나**로 솔솔 뻗어 나가.
그것은 흑의 주문인 동시에 정말로 백 대마가 위험해져.

즉, 백으로서는 삼수갑산을 갈지언정
54로 치받고 56 끊는 한 수인 것이야.

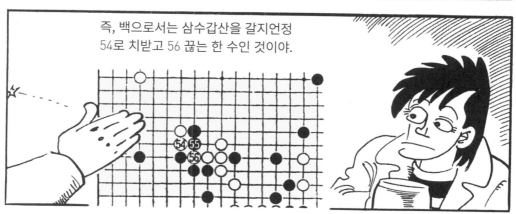

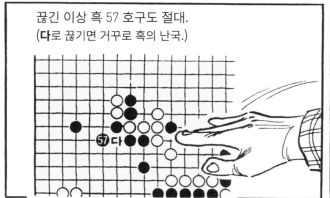

끊긴 이상 흑 57 호구도 절대.
(**다**로 끊기면 거꾸로 흑의 난국.)

드디어 대판 붙었나?

다시 말해서 이 자리는 흑 1로 손질해도 백은 2로 끊어 갈 판이야.

놓고보니 이해가 되지?

그렇네 그거!

자! 백의 다음 수는? 오직 이 한 수의 곳! 그곳은 어디인가?

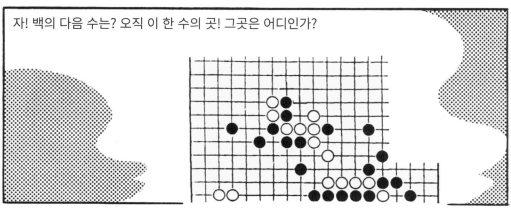

나는 그 언저리에서 밀리면 아주 끝장이라고 보고 강력하게

백 58 두 점 머리의 일격.
여기서는 이창호라도 흑 59 빈삼각뿐이야.

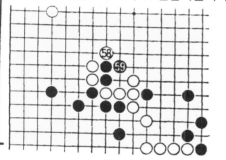

하수들은 이런 데서 자기 몸은 돌보지 않고 신나게 밀어붙이기만 하다가

그만 되치기에 빠당! 하는 수가 허다한데

설령 가운데 대마를 다 죽이는 일이 있더라도 여기서는 백 60 꽉 이어 놔야 해.

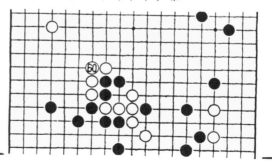

흑 61도 마찬가지로, 이런 요소를 밀려서는
'힘있는 바둑' 소리를 못 들어.

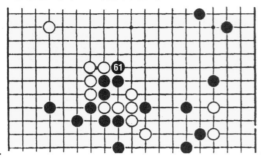

그래 맞아!

저런데를 밀리면 이상하게 바둑을 둘 수가 없어.

이젠 백도 62쯤으로 가운데 대마를
응급조치 안 해 놓을 수 없는데….

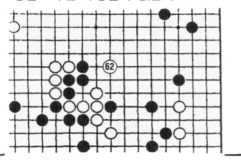

그렇다면 흑의 다음 공격의
급소는 어딘가?

뭐 특별히 기발한 수가 아니고
그냥 63 꼿꼿이 서는 것이 최강의 공격이야.

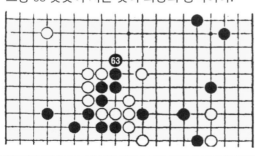

백은 64로 붙여,
어떡하든 선수를 뽑아 **나**로 진출하고 싶어했는데

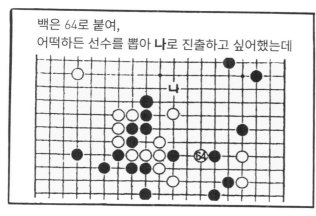

그러나 흑은 백이 하자는 대로
응해 주지 않았고

흑 65의 기분 좋은 일자 선공으로
또 다른 중앙 말을 노려 왔어.

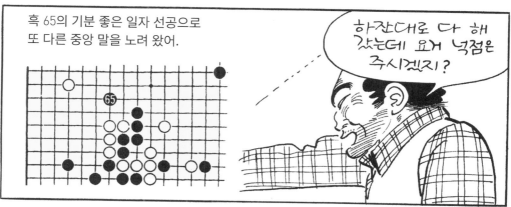

하잔대로 다 해
갔는데 요거 넉점은
주시겠지?

그거 넉점을 줘버리면
백은 그대로 만세잖아.

당연히
요석 중의 요석
이지!

그럼 어디로 하나
내빼야 하는데ㅡ
어디지?

백은 66 정도로 뛰어 두지 않을 수 없을 때
다시 또 흑은 호쾌하게 67 날 일자 씌움.
바둑은 동시에 더 확실한 '흑의 바둑'이 되었고
잠시 중단됐던 갈비집 아저씨의 중얼거림이 다시 이어졌어.

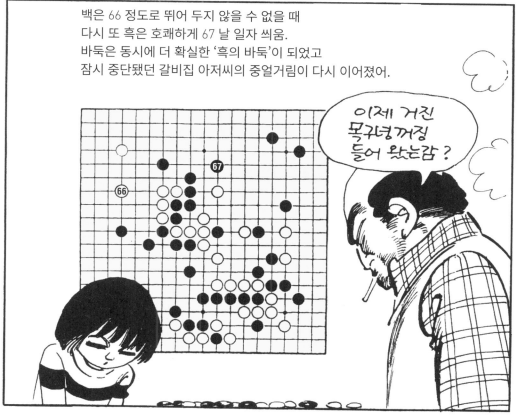

그래. 내가 봐도 저 바둑은 백이 도대체 녹이 없는 바둑이야.

아찌가 봐도 그렇지?

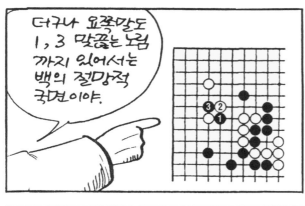

더구나 요쪽말도 1, 3 맞꿇는 노림까지 있어서는 백의 절망적 국면이야.

잘 봤어!

그럼‥‥

⎯ ⎯ ⎯ ⎯ ⎯ ⎯ ⎯

쌀을 불에 올려놓고 밥 되기를 기다리는 것처럼 바둑이라는 것도 기다릴 줄 알아야 해.

쪼다 잠꼬대고 있네! 누가 그 단계 몰라서 바둑을 지고, 타이틀을 뺏기고 그러냐?

바둑이 불리하다 싶으면 비상조치를 강구해야지 이 바보야!

수(手)라는 건 날 자리가 정해져 있는 것이지, 수를 내려고 한다고 내 지는게 아냐.

오늘의 이창호를 있게 한 것은 기다림이야.

오직 기다려야 해! 불리할수록 더 깊숙이 발톱을 감추고 기다리는 거야.

아무리 고수, 명인이라도 아무리 판이 우세해도 결승점까지 긴시간을 모조리 백점짜리 수만을 놓을 수 없는 법이기 때문이야.

참고 기다리다가 상대가 98점짜리 수를 놓았을 때, 혹은 95점 짜리 수를 놓았을 때

혹은 그만 70점짜리 수를 놓았을 때 이빨을 드러내고 물어뜯는거야.

낚시에서 기다리는 것을 싫어하는 사람은 월척을 잡을 마음이 없는 사람이고

기다리지 못하는 기자(棋者)는 이길 마음이 없는 사람이야.

그…그래서 너…

그 바둑을 강태공처럼 기다려서 결국 마침내 이겼다는 야그냐?

나 죽었소 기다리다가 그 영감 목덜미를 물어 뜯어 이긴거야?

잠자꼬 바둑을 봐.

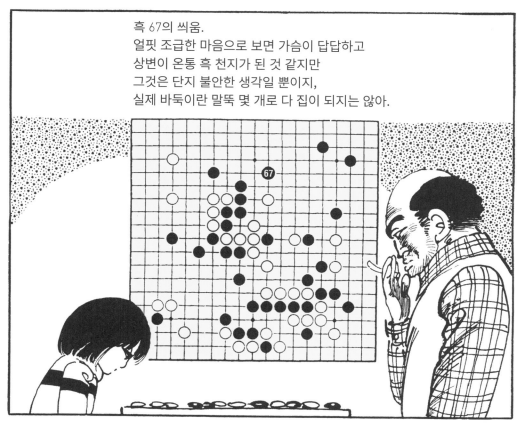

흑 67의 씌움.
얼핏 조급한 마음으로 보면 가슴이 답답하고
상변이 온통 흑 천지가 된 것 같지만
그것은 단지 불안한 생각일 뿐이지,
실제 바둑이란 말뚝 몇 개로 다 집이 되지는 않아.

백도 68 가만히 늘어 두는 한 수.
이게 바로 '내가 곤궁할 때 자세를 낮추고
참는 수'로, 여기를 이렇게 보강해 두지
않고는 모든 전선에 병사를 낼 수가 없어.

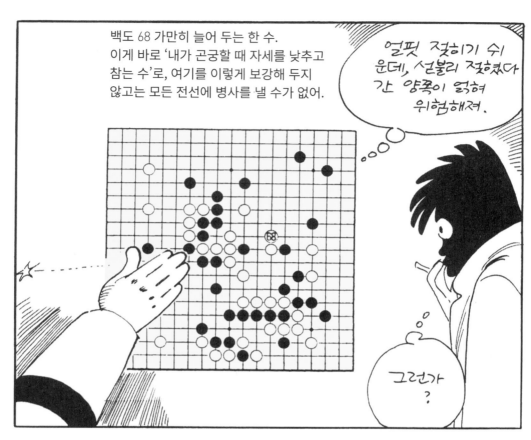

얼핏 젖히기 쉬
운데, 섣불리 젖혔다
간 양쪽이 엉켜
위험해져.

그런가
?

흑은 바로 이때가 중요한데,
집을 밝히는 하수들은 자칫 이런 데를

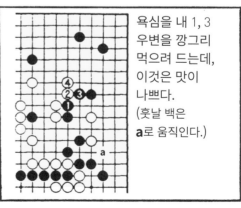

욕심을 내 1, 3
우변을 깡그리
먹으려 드는데,
이것은 맛이
나쁘다.
(훗날 백은
a로 움직인다.)

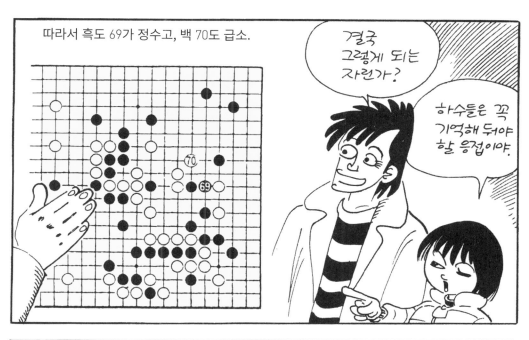

따라서 흑도 69가 정수고, 백 70도 급소.

결국 그렇게 되는 자린가?

하수들은 꼭 기억해 둬야 할 응접이야.

그러나 흑도 71로 맛좋게 우변 집을 굳혀서 계속 흑의 호조.

배탈 날까비 쪼께 묵겠당게 !

그렇다면 바둑이 어떻게 되는거야 ? 계속 백의 고전???

그런데 있지. 바로 그 다음 순간

내가 백 72로 어깨를 짚어 갔을 때(이렇게 깊이 파고 들지 않고는 판이 짜이지를 않는다.)

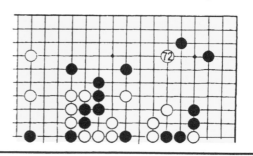

그러면

흑은 1, 3 정도면 간명했고 여전히 우세했던 것을

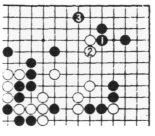

노련한 갈비집 아저씨가 별안간 무슨 생각을 했는지

손님이 내실까지 들어와 부렀네요!

딱

음?!?
저게 뭐야?

흑 73. 초강수로 양쪽 백돌을
갈라쳐 온 것이야.

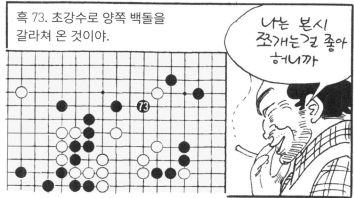

나는 본시
쪼개는걸 좋아
허니까

그러나 73은 강수라기보다는 노림이
지나친 과수였어.

차라리 1로 밀고 3, 4 교환한 후
5가 더 알기 쉬웠는지도 몰라.
이것이라면 흑 필승 국면이야.

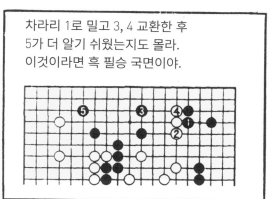

그랬는데?

별안간 갈비집아저씨가
무리일변도로 나와
흑이 이상해지기 시작
했어.

정말
이상하지

결국 그날의 그….

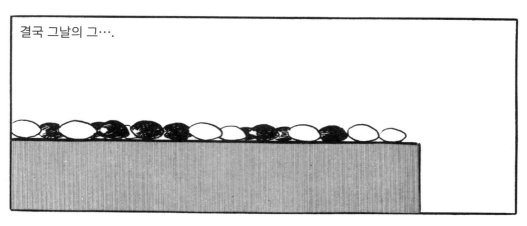

장장 4시간이 걸린 갈비집 아저씨와의 그 바둑.

미미 꼬맹이의 그 애답지 않은
부동심과 끈기가 말을 해

결국 미미의 반 집 승으로
끝났다는 것인데….

내가 미쳤어
그 좋던 바둑을…

뭐? 끄금
이긴거야?

응.
반집.

그 아저씨는 반면으로 5집을 남겼어.

어쨌든 이겼구나!

반 집! 하많은 꾼들이 반 집에 울고 반 집에 웃었을까?

총체적 결론을 내리자면,
미미의 운명이 걸린 그 바둑의 승부의 갈림길은 흑 31.
그런대로 우세하던 흑이 31로 집을 밝힌 것이
패배로 가는 전조였어.

내가 드디어 죽을때가 됐나 비어.

물론 31도 엄청 큰 자리임에 틀림없어(반대로 백이 그 자리로 갈라쳐 온다고 생각해 봐).

그런데 왜 그 수가 문제지?

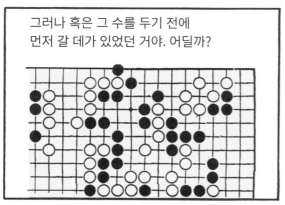

그러나 흑은 그 수를 두기 전에 먼저 갈 데가 있었던 거야. 어딜까?

무슨 대단한 묘수도 아니고 독자들도 쉽게 둘수있는 너무너무 간단한 한수야.

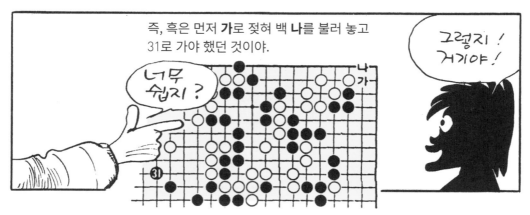

즉, 흑은 먼저 **가**로 젖혀 백 **나**를 불러 놓고 31로 가야 했던 것이야.

너무 쉽지?

그렇지! 거기야!

흔히 바둑을 두다가 이런 대목이 나오면
누구나 **가**로 젖히고는 싶은데

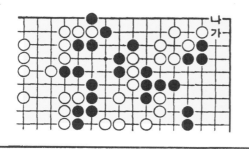

하고 마는데, 설사 젖힌 한 점을
따먹히더라도 **가**, **나** 교환이
얼마나 요긴하냐면

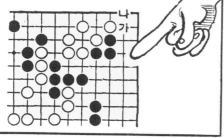

그 교환이 없어 가지고 실전에서
백이 당장 32, 34 양쪽을 젖히고

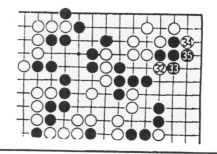

그리고 또 젖히고!
우선 당장 포도송이 모양이 기분도 나쁘지만

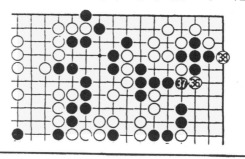

현실적으로도
흑이 너무 당한 것 같지 않아?

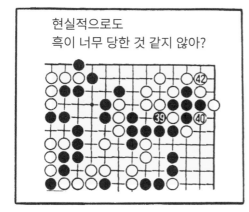

물론 43으로 꼬리는 잘리지만
백은 선수로 대득을 본 것이야.

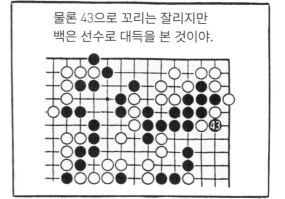

가, 나만 교환됐어도 그 꼴은
안 당하는 것이다(하수는 필히 기억!).

밤바람에 눈가루 같은 것이 우수수해서 보았더니 벚꽃 잎이더군.

바둑에 빠져 꽃이 피는지 계절이 바뀌는지도
모르던 내게

밤 벚꽃 내음은
야릇한 향수를 느끼게 했다.

아니, 그것은 향수라기보다 여수(旅愁)일 거야.
떠도는 내기꾼들의 여수….

그래가지고
그 바둑 이기니까
갈비집 아저씨가
뭐래 ?

뭐라기는?
그냥 문갑에서
백만원 뭉치를
꺼내주데 뭐.

왜 백만원이야
2백만원이지 !

우리 할아버지
빚 제하면
백만원
맞아.

그런가 !?
어린 숙녀가
큰일했네 그려.

그래
가지고?

좀 더 기다리면 할아
버지가 올지 모른다고
했지만 두밤 자고
그집을 나왔어.

그런데 미미의 비하인드 스토리는
그것으로 끝난 것이 아니고 있지….

아닌 게 아니라, 술을 마신 데다가 저녁밥을 때렸더니

그냥 잠이 쏟아져 자리도 깔기 전에 베개부터 찾았다.

나는 "미미야, 잘 자!" 인사 대신

하고는 금방 잠이 들었는데….

그때가 몇 시나 되었을까?

아무튼 내가 잠결에 어째 이리 주위가 밝은가 싶어 퍼뜩 잠을 깼는데

응? 아가 분명히 불을 껐는데…… 얘가 화장실 갔나?

엇!

미미 너 잠 안자고 뭐 하냐?

어서 자!

잘거야.

그러나 무슨 일인지 미미는 잠을 쉬 못 이루는 눈치였어.

왜 그래?

할아버지 걱정돼서 그러지? 알았다. 나도 낼부터 손 써 볼게!

아까 사실은 있지…

백만원 안꽈아두
되게 되엇네 !
자네 손녀가
청산했응게.

이게
무슨소리!

쪼깐은 것이 우넌
바둑이 그리 쎄?
나 졸지에 2백만냥
날렸당게.

아아니! 그 어린것
을 데불고 내기바둑을
뒀더란 말이여?

그래
가지고?

그근데
거기까지는
다 좋아.

?

둘이 또 내기바둑을
둔거야.

내기바둑을
두다니?

205

두 노인이 바둑을
두었다 말이야!
내기 바둑!

느이 할아버지 어디서
돈을 구해 오긴 왔나보구나.
그래 또 얼마짜리 판?

돈을 건게
아냐.

그럼?

빨랑 말혀!
우리 손녀 워디
갔냐니까!

지 할아비 찾으러
간다고 나갔응게.
돌아다녀 보다가
곧 오겄지 뭐!

곧 온다는
애가 왜 여태
안 온다냐?

외제 위스키 병이 몇 차례 오가자

나 시방 농담이 아니랑게!

농담이 아니믄!

겨우 키워놓은 남의 손녀 넘보고 그려 늙은이가!

키워놓기는 워디가 키워났어? 이제부터 키워야지!

내 말이 틀렸는감?

어머나 어머나!

동네 처녀, 아줌마들까지 깜찍하다, 똘똘하다, 귀엽다 야단들인데

돼지갈비 팔아 돈만 모았지 자식 하나 없는
외로운 영감이라면

백 번 미미 같은 예쁘고 똘똘한 여자
신동(神童) 하나쯤 기르고 싶지 않겠어?

거기다 '노련한 능구렁이 1급'인 자기를 능가하는
너무너무 가공할 실력의 고수(高手)이니.

上手

솔직히 별로 학벌은 없지만
바둑만은 웬만해서 져 본 적이 없는 30년 1급이다.

덤을 좀 줄까요?
두점을 까시
겠소?

아마4단

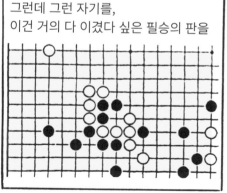

그런데 그런 자기를,
이건 거의 다 이겼다 싶은 필승의 판을

이 코딱지만 한 계집애가 어떻든 견뎌냈고
끝내 뒤집었으니

이건 그냥 천상의 황녀로 안 보였겠어?
충분히 이해가 간다.

백 번 탐을 낼 만한 아이인 것이다.

그래서?

나를 판돈으로
걸고 둔거야

농담이랄까? 해프닝이랄까?
원래 각본이 정해져 있던 운명의 장난 한마당이랄까?

결국, 거나하게 취한 두 노인은 미미를 놓고
바둑 한 판으로 결정짓기로 했다는 것이야.

뭐 그렇다고 멀쩡한 인간을 돈 대신 건
인신매매성 도박은 아니고

"내 형편이 말이 아니니, 내가 지면 미미를
대학까지 맡아 키워 주게."

"알겠네! 내가 지면 둘이 살 아파트를
사주고, 이겨도 멀리 여행이라도 떠날
두둑한 노자를 보태 주겠네."

어찌 보면 우정 넘치는, 미미 장래를 봐서는
갈비집 아저씨가 이겨야 멋진 그런 한 판이었는데….

실제로 그 바둑은 흑번의
갈비집 아저씨의 승리였단다.

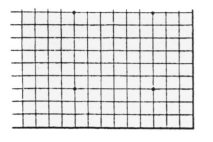

보는 바와 같이, 백은 귀의 흑을
완전히 잡은 것으로 믿고 있었는데

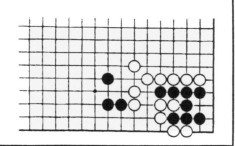

갈비집 아저씨가 흑 1이라는
절묘한 맥을 짚어 단숨에
역전되었다는 거야.

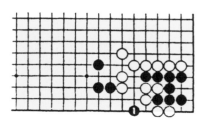

만약 백이 2로 이으면

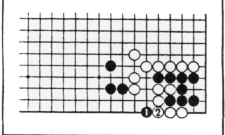

3의 막음이 절대 선수가 되어
흑 5로 간단히 두 집이 나니까

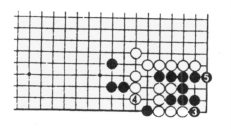

백은 2 빈삼각으로 버틸 수밖에 없는데,
그러면 3으로 가만히 막는다.

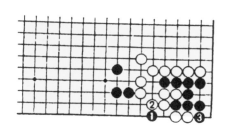

백은 4, 6으로 한사코 두 집을
못 내주겠다고 하겠지만

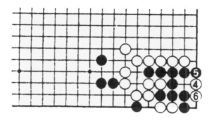

흑 7로 찝는 묘수가 있었던 것이야.

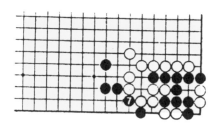

백은 8로 몰 수밖에 없고
그때 흑 9로 두 점을 따면서 단수!

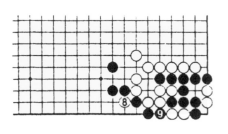

백 10 딸 때 흑은 11 이어
간단히 살아 버렸다는 것이야.

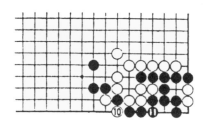

이런!
간신히 잡아놓은 그대마가
살아버리면 바둑이 어찌
되는거여? 그냥 졌잖아!

그러나 두 노인은 곧 유쾌하게 웃어젖혔고

축하허네!
미미
새 할아비!

미리 준비된 수표가 든 봉투가
자연스럽게 건네지고….

후쿠오카 산다는
처조카네나 가서
푹 쉬다 오더라고.

고맙네!

그런데 바로 그 순간

응?

어! 미미 너 언제 왔냐?

할아버지 지금 나 파는 중이야?

나는 그 길로 곧장 밖으로 뛰어나가 버렸는데….

흥! 누구 맘대루?

미미야 이리와 봐!

할아버지가 곧바로 뒤쫓아 나왔다.

미미야!

할아버지는 보나마나

필시 그런 변명을 늘어놓을 게 뻔해 나는 아무 말도 듣고 싶지 않았다.

그러나 할아버지는 변명을 늘어놓지 않았어.

할아버지는 그렇게 말하시고는 어둠 속으로 총총히
사라졌어.

할…

난 나를 버린 할아버지를
할아버지라 부르기조차
싫었고 쳐다보기도 싫
었어.

난 그냥 전봇대 뒤에서 엉엉 울었을
뿐이야.

한참을 울다가 나는 갈비집 아저씨한테로 달려갔어.

그리고 바둑을 두자고 떼를 썼어.

그래 알았어! 알았어!

오H?

그래서 뒀어? 바둑을?

내가 흑으로 둔 그 바둑은 막상 대국에 들어가자 백도 강수 일변도로 결사적이었지만

바둑은 100수가 못돼 귀쪽의 백돌이 전멸하면서 끝나고 말았어

219

과연 어떻게 백이 죽는가?

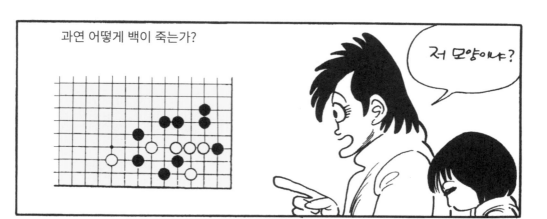

저 모양이냐?

필살의 일발은 흑 **a**로 고분고분
잇지 않고 웅크린 흑 1의 한 수였어.

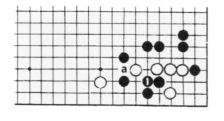

백이 2로 한 점을 잡고 살 수 있을 것 같지만
3, 4에 5, 6을 교환하고

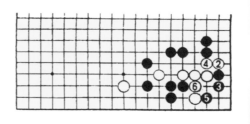

7로 가만히 뻗으면 귀가 흑집이 되면서
백은 자동 전멸.

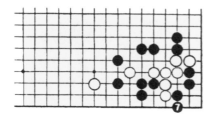

8로 막아 봐야 9로 완성이야.

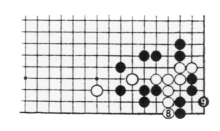

결국 백은 2 쪽을 막고
4로 삶을 도모할 수밖에 없는데….

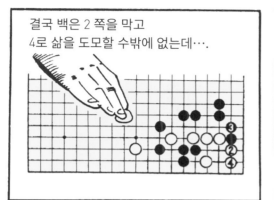

흑은 1로 쿡 찔러 2 이을 때
3이 날카로운 급소 한 방.

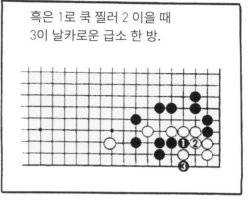

백은 4로 몰고 6으로 잇고서
버티어 보지만

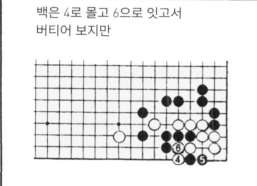

7 젖히고 8 때 9로 늘어
백은 역시 전멸이야.

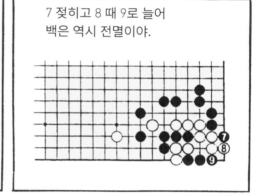

갈비집 아저씨가 침통한 얼굴로 "졌다"고 했을 때
나도 말했어.

똑똑히
들으셔요!

1승 1패!

우리 할아버지 이기고
나를 차지 하셨지만
이 판을 내가 이겼으니
원상복구 된거예요.

무어여?

통산 아저씨의
1승 2패!
이의 없죠?

잠깐!

222

할아버지가 폐암으로 한 달을 넘길 수가 없다는 사실을
나는 그날 처음 알았어.

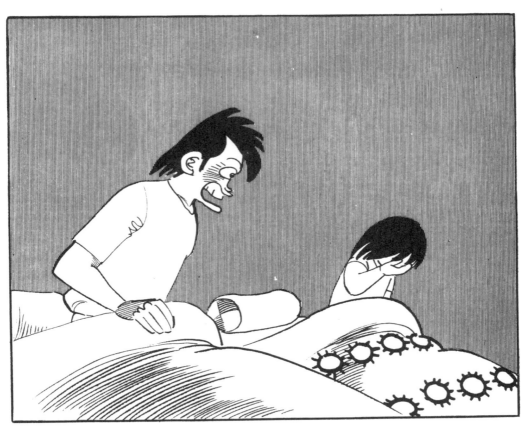

우리 할아버지가 이러저러한 처지에 놓여 있으니 빨리 찾아서 도와 달라고 떼를 썼어.

하지만 어른들은 모두같이 걱정만 해 주었을 뿐

도움이 되지는 못했어.

그런데 할아버지가 종적을 감추신지 거진 한달이 되어가던 어느날…

찾았어?

경찰서에 들러 봤더니 어떤 형사 아저씨가

나를 어떤 병원 지하실로 데리고 갔어.

죽은사람들만 모아 두는데 였어.

을지로의 어떤 기원 올라가는 계단에 쓰러져 있는 할아버지를
우유 배달하는 사람이 발견해서 신고를 했는데
이미 숨이 멎은 지 다섯 시간이 더 됐더래.

하지만 난 별로 울지 않았어.

대신 난 하늘을 원망하고 신을 욕했어.

"고생 끝에 낙이 온다"는 어른들 말도
새빨간 거짓말이었어.

하다못해 바둑판 위의 돌 한 알갱이도
뜻이 있는데….

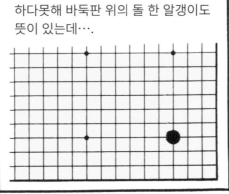

어떻게 인간의 생명이 그토록 시시하게 생을 마감할 수가 있어?

인생이란게 원래 그렇게 허무한 것이란다.

말이 안돼! 그럴거면 뭐하러 사람으로 태어나 !? 새나 꽃이 더 낫지.

새나 꽃도 마찬가지란다.

아무리 꾀꼬리같이 노래하는 예쁜 새도 결국은 죽고

아무리 아름다운 꽃도 며칠이면 시들고 마른단다.

할아버지는 사람이잖아! 그것들을 다스리는 만물의 영장이잖아.

신은 못됐어!! 난 신이 미워! 나빠!

신을 욕하는게 아냐, 바보야.

미워!

바둑판 위의 돌이 저마다 역할이 있듯이 사람도 역할이 있고 느이 할아버지도 그 역할을 다 하고 돌아가신거야!

어린 나를 이렇게 나 몰라라 팽개쳐 놓고??

그게 신의 뜻인거야.

신이 그렇게 야비해?

죽을 고생만 시키고! 거기다 슬픈이별! 거기다 병에 걸려서 거리에서 객사나 시키는게 신이야?

그게 느이 할아버지의 역할이었던 거야.

바둑판을 한번 봐라.
각각 저마다의 뜻과 생명을 지닌 돌들….

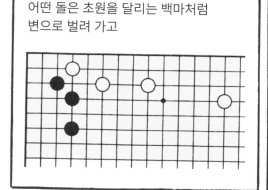

어떤 돌은 초원을 달리는 백마처럼 변으로 벌려 가고

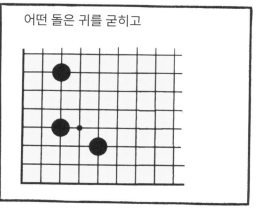

어떤 돌은 귀를 굳히고

어떤 돌은 귀에 걸쳐 가고

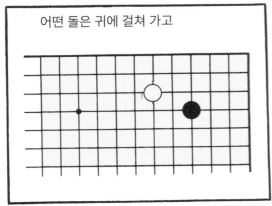

어떤 돌은 중앙을 에워싸고

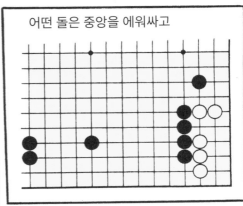

어떤 돌은 뛰어들고

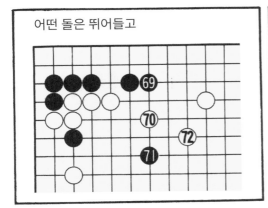

어떤 돌은 칼을 뽑아 죽이러 가고….

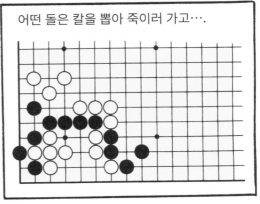

요석, 폐석, 사석, 세력, 곤마!
모두 저마다의 역할이 있잖니?

왜 하필 나만 사석이
되었냐고 불평할 수가
있는거냐?

축구, 배구, 야구 같은 운동 경기도 잘 보면 각자의 포지션이 있고, 소임이 있잖냐?

그런데 왜 나만 수비를 시키느냐? 왜 나를 공격수를 안시키느냐? 따질수가 있냐?

나만 왜 공도 못 차는 골키퍼를 시키느냐 할 수가 있는 거냐?

사람도、운동선수도、새도、나무도、바위도、꽃도、이런말 하는 아저씨도 모두 바둑판에 놓인 바둑돌 이란다！

이것은 아무도 거역 못하는 우주의 법칙 이란다！

그래.

사실은 나도 한참 뒤에 그 사실을 알아냈어.

그리고 이것도 알아냈어.

세상에는 기재가 뛰어나다고 해서

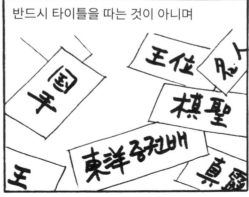

반드시 타이틀을 따는 것이 아니며

아무리 바둑이 유리하다고 해서

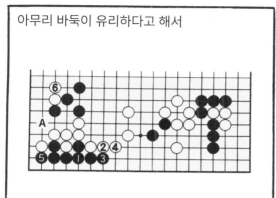

반드시 이기는 것이 아니며

악수와 실착, 완착을 거듭 놓았다고 해서

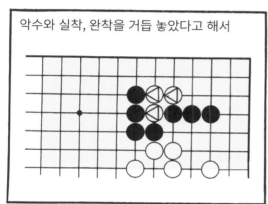

반드시 바둑을 지는 것이 아니다.

이기고 지는것, 타이틀을 따는것과 명성을 얻는것, 기고만장 하는것과 애통해 하는것

모두가 신의 뜻 이었어.

너 진짜로 영감 다 됐다 ~~!

아니, 할머니!

그리고 이것도 알아냈어.

꼭、반드시、한사코、정말로、기필코、진실로 이기려 들면

이기도록 신이 도와 준다는 사실도.

술을 많이 마셨는데도 그날따라 아침 일찍 눈이 떠졌다.

나는 미미를 데리고 약수터로 올라갔다.

오염됐다고 소문이 났는데도
사람들이 북적댔다.

그러나 물을 먹으러 올라간 것은 아니고

그냥 미미 고 귀여운 애늙은이랑
걷고 싶었다.

새벽 공기
좋지?

238

그런 뜻이었어?

아니 어쩜 그것도 아니고

낙엽처럼 그냥 아무것도 아닌 무(無)로 영원히 소멸되어버렸는지도······

저기 떨어져 있는 꽃잎을 봐.

나무에서 떨어져 나오면 그냥 썩어서 없어지는 거지, 저게 무슨 천당을 가고 지옥을 가겠어?

꽃잎도 혹시 천당지옥이 있을지 누가 아냐?

꽃잎이 죄를 짓고 선행을 하고 그래?

골아픈 소리 그만 하고 가서 밥이나 먹자 !

아저씨는 정말 신을 믿어 ?

어떤 때는 믿고 어떤 때는 안 믿고 왔다갔다 해.

난 신이란 바둑이라고 봐.

신은 19줄 바둑으로 말 하고 있어.

아무리 고수 국수 명수라도, 아무리 복기 검토 연구를 해도 수(手)의 정답은 누구도 몰라.

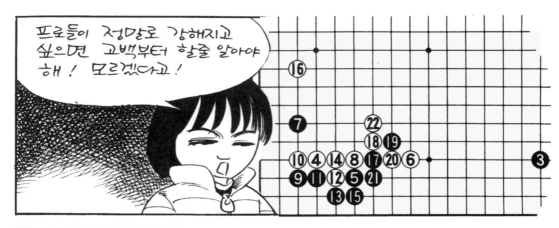

푸근했던 날씨가 갑자기 변덕을 부린 탓인지

담배 연기를 뺀다고 창문을 열어 놓고
깜빡한 탓인지

미미가 감기 기운이 있는지 머리가 아프다고 해서
병원으로 데리고 갔다.

실은 그 정도 증세쯤 동네 약국에 가서
약 몇 알 먹이면 되지만

내가 선배 친구 되는 제법 저명한 의사를
찾아간 것은

도저히 범인(凡人)의 상식으로 이해가 되지 않는 미미의 정신세계에 관해
무언가 조언을 듣기 위해서였다.

미미가 간단한 치료를 받고

몇 가지 이런저런(병원에서 으레 하는)
검사를 마치고

병원 복도 자판기에서 포도 주스를
뽑아 먹고 있을 때

나는 선배 친구 의사를 심각하게
다그(?)쳤다.

보통 웃기는 애가 아니라니까요.

요즘 애들 다 웃겨.

웃기는 정도가 아니고 쟤 뱃속에 영감이 들어 앉은, 일종의 외계인 이라니까요.

진짜로!

요즘 애들 전자오락을 하도 해가지고 그래.

글쎄 그게 아니고요…

이 사람, 멀쩡한 애를 왜 이상하게 만들고 싶어서 이래?

저 애 있죠. 바둑이 이창호보다 더 세다니까요!

그래? 그럼 곧 바둑계 판도가 바뀌겠네.

그 정도면 내가 말을 않고요.

무슨 기업체 총수인지 그냥 무슨 친목회 회장인지 정확히는 알 수 없었지만 미미의 내기 바둑 그날의 상대였다.

기력 35년.
전투에 강하고
잔수에 밝음.
전국대회에서 두 번
준우승한 경력이
있음.

그런데 도저히 믿어지지 않는 불가사의한 사실은

나도 그렇지만 미미와 오 회장은 서로 전혀 모르는 사이였다.

그런데 어떻게 그날의 바둑이 두어지게 되었는지 귀신이 곡할 노릇이었다.

더욱 놀라운 사실은 (이것은 나중에 알았지만)

오 회장 자신도 자기가 어떻게 해서 그 꼬마랑 바둑을 두게 되었는지 모른단다.

저 호텔 인가?

아무튼 나는 미미를 따라 N동의 호텔로 갔고

마치 무당에게 신이 내리듯 주선된 한 판 승부가 벌어지게 되었는데….

미미는 대국에 들어가기 전에 복도에서
(늘 그랬듯)

지금까지 수중에 들어온 돈을 또 역시 다 꺼내라고 했다.

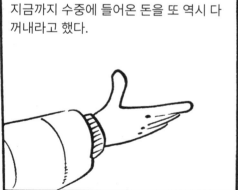

그게 다야. 더 없어.

거짓말!

정말이야. 없어.

아주머니 지갑 주민등록증 뒤에 몰래 구겨넣어 둔 백만원짜리 수표 있잖아!

아니 이 기집애가 진짜 돗자리 깔고 육교 나가앉아도 되겠네!

전 재산(?)을 겁도 없이 바둑 한 판에 걸면서 미미가 그날따라 뜻 모를 소리를 했다.

가진것을 모두 강물에 던지면 다시 두배가 되어 돌아오는거야.

돌을 쥐어 보니 오 회장의 흑번.

미미는 입을 꼭 다물고 백돌 통을 끌어다 놓고 방석 두 개를 포개 앉았다.

늘 그랬던 것처럼 지금까지 둔 판 중에서 최고액 판돈(곱으로 곱으로 불어난)이 걸린 그 바둑은 서로 꾸벅 인사만 하고 곧바로 시작되었다.

나는 침을 꼴깍 삼켰다.

바둑은 의외로 물이 흐르듯 빨리 진행되었다.

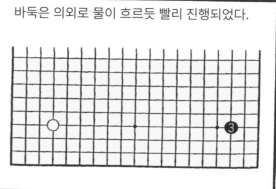

오 회장이 요즘 퇴조(?) 기미의 흑 3 소목(小目)으로 나오자
미미는 흔쾌히 장단을 맞추듯 백 4 소목.

흑이 잠시 망설이다가
점잖게 흑 5 귀를 굳히자
백은 온건하게 6 갈라쳤다.

당연한 7 걸침에 미미의 8 협공은
최근 프로들 사이에서도 심심찮게 등장하는
격렬한 공격수다. (흑은 손뺄 수 없다.)

호오 !
이 쪼그만
아가씨가
처음부터 …

9로 한 칸 뛰고 백 10 일자에 흑 11이 이 정석의 요체.

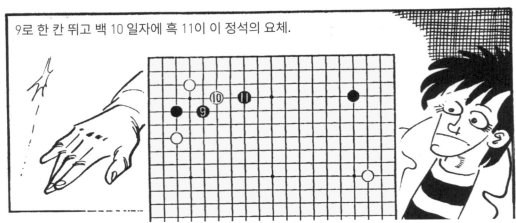

백 12는 절대. 이곳을 눌려서는 바둑을 둘 수 없고
흑 13의 뛰어 붙임은 돌의 리듬이다.

영감이 뭐 저리 프로같이 능숙해?

백 14로 끌 수밖에 없을 때
흑은 강력하게 15로 젖혔는데 당연한 돌의 흐름.

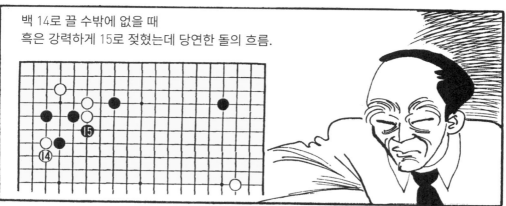

흔히 하수들은 1로 덜컥 젖히고
보는데, 이하 6까지 백이 나쁘다.

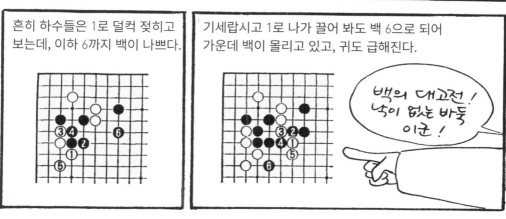

기세랍시고 1로 나가 끌어 봐도 백 6으로 되어
가운데 백이 몰리고 있고, 귀도 급해진다.

백의 대고전!
낙이 없는 바둑이군!

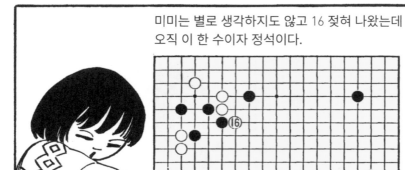

미미는 별로 생각하지도 않고 16 젖혀 나왔는데
오직 이 한 수이자 정석이다.

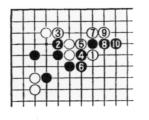

재주를 부린답시고 1로 건너 붙이는
하수가 있는데 이하 10까지 눌려
흑의 세력이 너무 좋아진다.

그런데 미미가 16으로 젖히는 순간
흑은 돌 소리도 매섭게

에라
모르겠다!

오 회장은 강력하게
17로 끊어 왔다.

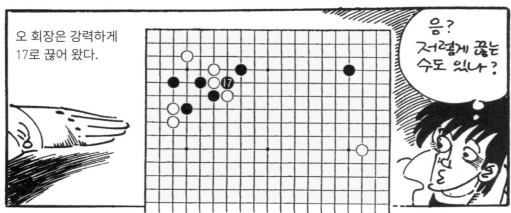

응?
저렇게 끊는
수도 있나?

옛날 고수들이 둔 바둑에도
거기를 끊는 수가 있었다.
그러면 1 밀고 이하 8까지.

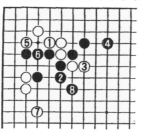

계속해서 백 9 뛰고 흑 10 협공에 숨가쁜 난전이
되는데, 백 19가 완착이 되어 백이 불리해졌다.

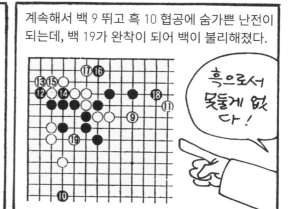

역시 미미는 그 그림이 마음에 들지 않았는지 왼쪽이 아닌 반대쪽 18로 한 점을 몰아
19로 잇게 했다(보통 때에는 공배를 메우는 의미가 있어 백이 두기 거북한 수).

그래 놓고 미미는 다시 백 20으로 몰아
흑 21로 기분 좋게 뻗게 해 주고는

그래 놓고 백은 비로소 22로 쑥 나갔다.
대단한 배짱이었다.

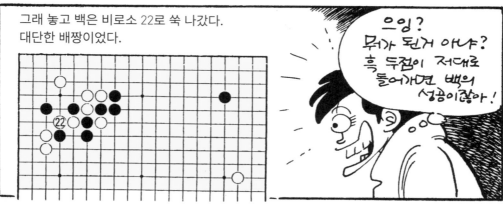

그러나 그것은 희망사항. 흑 두 점이 그냥 죽는다면
바둑은 그냥 끝난다. 흑 23이 있는 것이다.

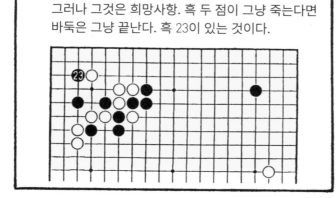

덜컥 1로 젖히기 쉬운데
그러면 흑 2로 껴 붙여
응수가 궁하다.

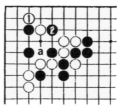

258

백 1로 가만히 느는 수가 견실한 것 같지만 흑 2, 4로 백 5를 불러 놓고

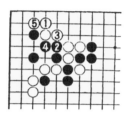

6, 8로 외벽을 바른 다음 10 치중.
다음 12로 끊으면

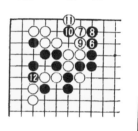

이하 22까지 흑의 대우세.
백은 낚싯밥 몇 점 먹고 도배 장판을 허용하게 되는 것이다.

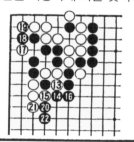

미미는 그 수를 다 보고 있다는 듯 아예 24 쪽으로 허리 한 점을 끊어 버렸다.

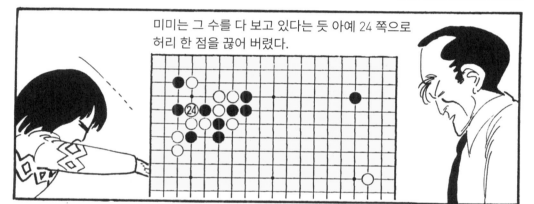

그리고 흑이 귀 쪽을 25 젖혀 왔을 때 다시 꼿꼿이 26으로 이어 버렸다.

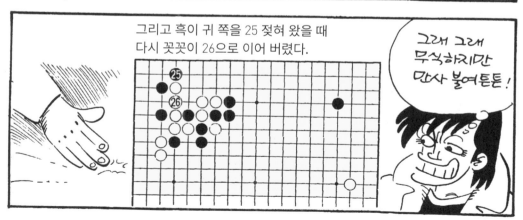

그래 그래 무식하지만 만사 붙여튼튼!

그렇다면 흑도 중앙을 27쯤 보강하지 않을 수가 없다.

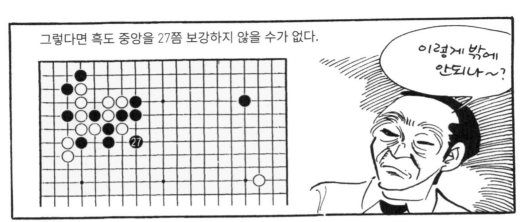

이렇게밖에 안되나~?

기분 같아서는 흑 1로 뻗어 먼저 이득을 취한 뒤에

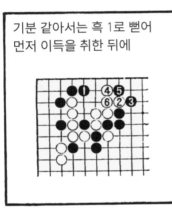

유유히 7로 잡고 백 8에는 9, 11로 알뜰히 사는 게 양쪽을 효과적으로 두는 것 같지만

그러나 가운데 이건 세력이 아니다.

당장 1, 3, 5 급소를 찍고 7 하면 흑은 세력이라기보다 곤마에 가깝다.

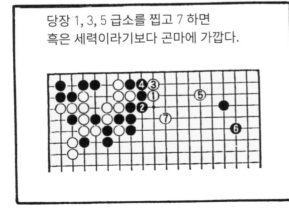

그래서 흑은 중앙부터 둔 것인데 다음 순간 미미가

짜락

다부진 얼굴로 28 쿡 뚫어 버리자 오 회장의 미간이 찌푸려졌다.
의외로 두터운 한 수로 바둑은 그것으로 백 우세가 된 것이다.

이런
쯧쯧쯧쯧 !

지금 와서 후수로 귀를 살리는 것은
물건이 작다. 흑은 29로 벌려 한껏
우상 일대를 키워 왔다.

집칸이나
되려나~?
이 택지가 ……

백 30의 두 칸 벌림은 절대.
그곳을 흑에게 뺏기면 가운데 세력이
정말로 말을 한다.

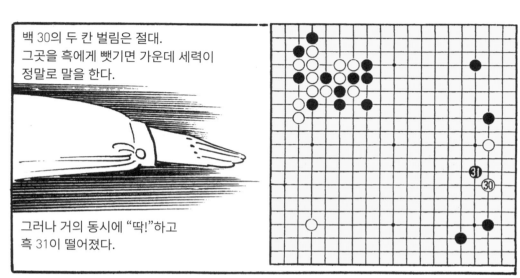

그러나 거의 동시에 "딱!"하고
흑 31이 떨어졌다.

그렇게 엉성하게 어깨를 짚느니 우상귀를 아예 흑 1로 못질을 하는 수도 생각할 수 있는데
그러면 백은 2, 4 잽을 날려 놓고 6, 8로 붙여 간다.
흑 9 잇지 않을 수 없을 때 백 10, 12로 강력하게 이단 젖혀 가는 수가 있는 것이다.

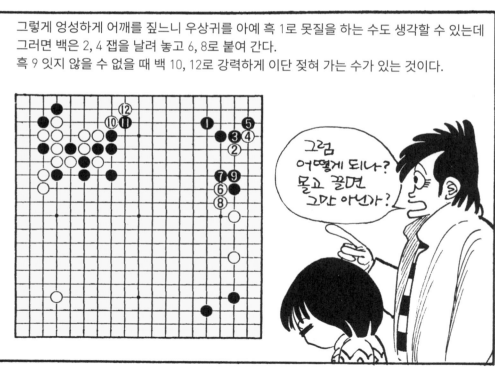

그럼 어떻게 되나? 몰고 끌면 그만 아닌가?

262

몰고 끌면 그만이다.
그러나 흑 19로 잇는 순간, 백 **가**로 나오는 맛도
없어졌지만 좌상귀 흑도 앉아서 죽는다.
(흑 **다** 호구 쳐도 **나**로 몰아 그만)

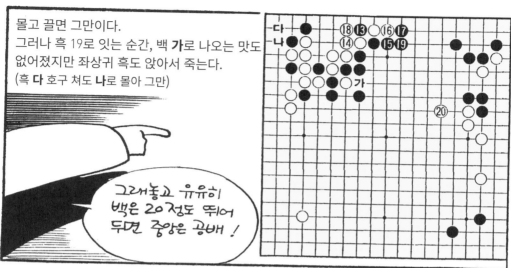

그래놓고 유유히
백은 20 정도 뛰어
두면 중앙은 공배!

그래서 흑은 귀를 굳히지 않았던 것이다.
오 회장은 근래에 드물게 보는 강자였다.

나중에 알았지만 그는 젊은 시절 입단 대회에도
두 번씩이나 나가 다크호스로 떠오른 인물이었다.

第○回 春季 入段大会

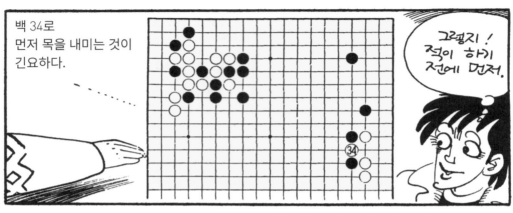

백 34로
먼저 목을 내미는 것이
긴요하다.

그렇지 !
적이 하기
전에 먼저.

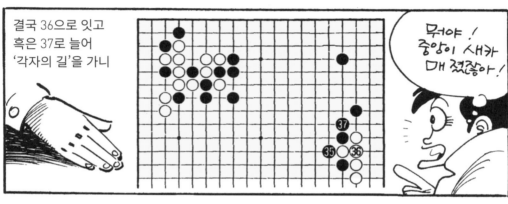

결국 36으로 잇고
흑은 37로 늘어
'각자의 길'을 가니

뭐야 !
중앙이 새카
매 졌잖아 !

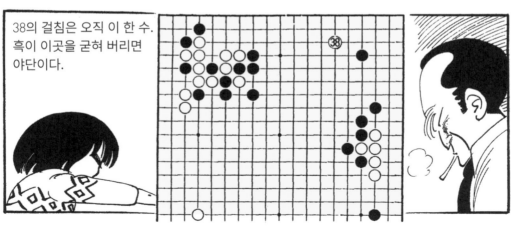

38의 걸침은 오직 이 한 수.
흑이 이곳을 굳혀 버리면
야단이다.

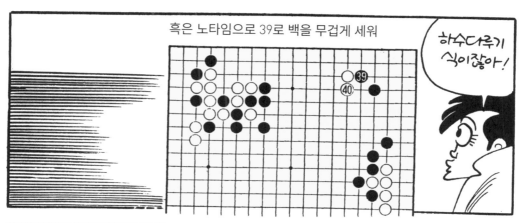

흑은 노타임으로 39로 백을 무겁게 세워

흑 41. 가차없이 칼끝을 들이대 왔다.

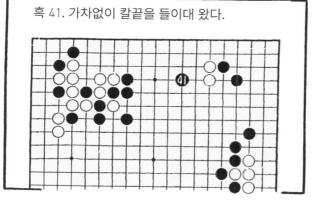

흑 1로 낮게 가는 육박도 있지만 백 2가 너무 안성맞춤으로 공격이 안 된다.

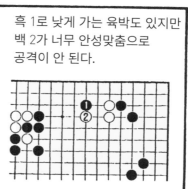

미미는 그래도 일단 42로 붙였고 흑은 단호하게 43 젖혀 막아 품에 안으려 한다.

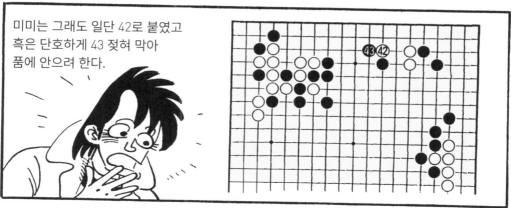

박력 있게 둔다고 1로
또 젖히는 사람이 있는데
우형으로 쪼그라져 못 쓴다.

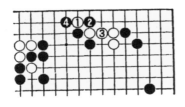

침착하게 44 호구 오직 이 한 수.
흑도 강력하게 45로 빠져 집 모양을 없애 왔다.

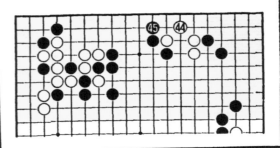

얼핏 1로 몰고 싶지만
백 2가 있어 흑이 거북스런 패가
발생할 우려가 있다.

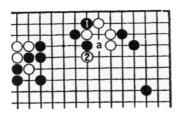

그런데 다음 순간 그 긴박한 상황에서
미미의 수순 착오가 튀어나왔다.

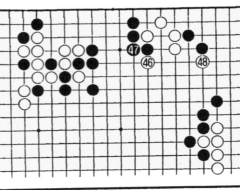

백 46 붙이고 48.
일견
절묘한 맥점 같지만
이게 대악수였다.

여기는 모양 볼 것 없이 1로 젖히고 3, 5, 7로 갈 자리였던 것이다.

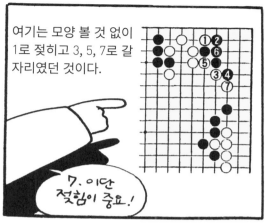

7. 이단 젖힘이 중요!

흑은 8 몰고 12, 14 넘어가는 정도인데 백은 어쨌든 완생이다.

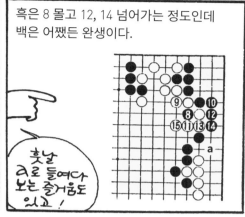

훗날 a로 들여다 보는 즐거움도 있고!

그것을 잠시 수순을 바꾸는 통에 흑이 먼저 49로 빠지니

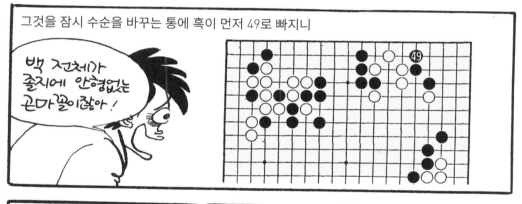

백 전체가 졸지에 안형없는 곤마꼴이잖아!

잘 내색하지 않는 미미도 아차 하는 눈치였다.

내친 걸음에(붙인 이상 도리 없다.) 백 50으로 젖혀 가 보았지만

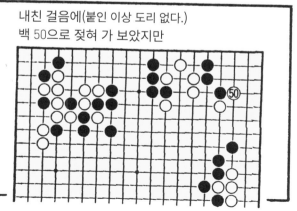

아이구!
귀 다칠라!

재빠르게 먼저 51로 나가자고 하니

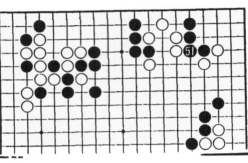

52로 당장 안 막을 수가 없다.
(여기를 흑이 나오면 바둑은 끝장)

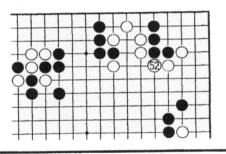

그래 놓고 유유히 53하니
흑은 완생이고 백은 단점투성이.

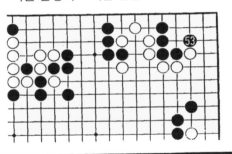

54쯤 하나 이어 놓지 않고는 싸움을 계속할 수가 없다.

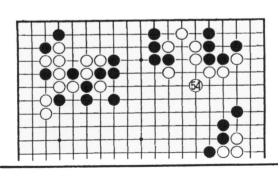

저게 뭐야?
귀를 굳혀주고 저기를
후수로 지키고 있어야
돼?

점점 갈수록 오 회장은 강미(强味)를 풍겨 왔다.
노골적으로 백 대마를 공격하지 않고 흑 55 하나 이어 둔 수가 훌륭한 수로
견고한 철벽이 되어 전국(全局)을 호령하고 있다.

위쪽 대마가
고반히 더 초라
해 보이잖아

백은 가일수가 불가피했고
56의 호구 이음이 의외로
융통성이 있는 한 수였다.

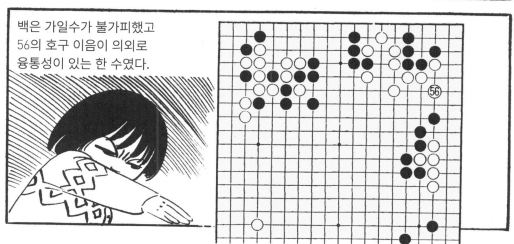

흑은 즉각 57 몰아
58 패로 받을 때
59로 백 한 점을
들어 냈는데….

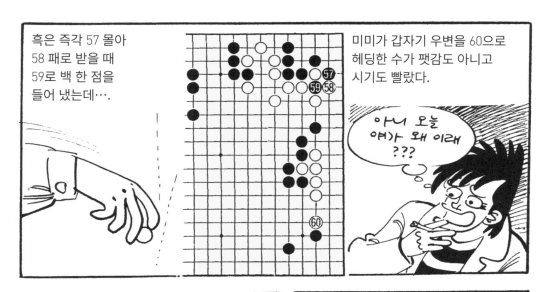

미미가 갑자기 우변을 60으로
헤딩한 수가 팻감도 아니고
시기도 빨랐다.

아니 오늘
여가 왜 이래
???

그 수로는
중앙을 1쯤으로 보강 겸
원거리 공격을 해 놓고
흑 2 때 비로소 3, 5 할
자리였던 것이다.

그래!
바로 저 맛
이야!

더욱이 백돌이 **가**에 오면
나의 절단이 흑으로서는 켕기는 자린데
엉뚱한 곳에 헤딩을 하는 통에

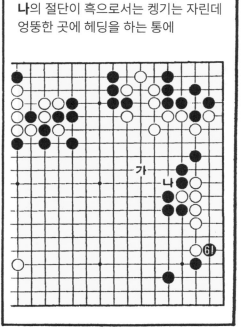

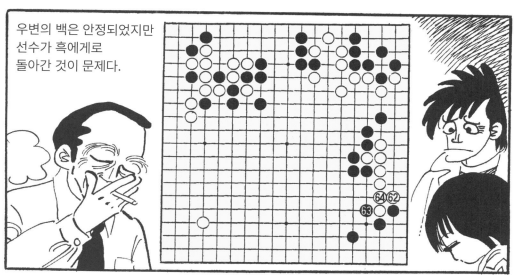

우변의 백은 안정되었지만
선수가 흑에게로
돌아간 것이 문제다.

담배 한 대를 모두 피우며 뜸을 들이던 오 회장이 드디어 65.
중앙의 시커먼 철벽을 배경 삼아 시퍼런 칼을 뽑아 들었다.

이거 뭐야
호박씨 까서
한입에 털어
넣는거 아냐?

271

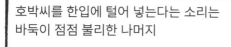

호박씨를 한입에 털어 넣는다는 소리는
바둑이 점점 불리한 나머지

그동안 승승장구해서 벌어 놓은 돈을
이 한 판에 깡그리 다 날리지 않을까 하는
우려였다.

그러나 미미는 이마의 땀을 한 번 쓱
문지르더니

백돌 하나를 집어 힘차게….

66 하나 따서 67 잇게 한 다음
풀쩍 한 칸 뛴 68의 수가 묘착이었다.

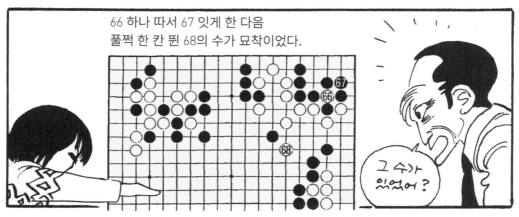

그 수가 있었어?

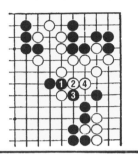

1로 나가 3 끊고 싶지만 그러면 백 4로 완생이야.

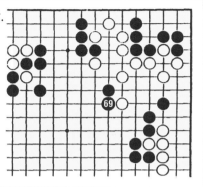

따라서 흑 69가 최강. 어디까지나 대마 전체를 물고 늘어져 왔다.

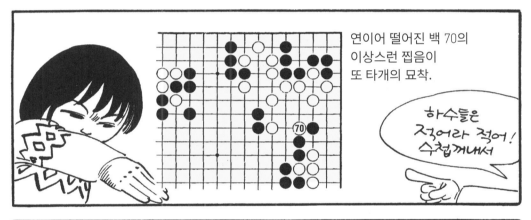

연이어 떨어진 백 70의 이상스런 찝음이 또 타개의 묘착.

하수들은 적어라 적어! 수첩께내서

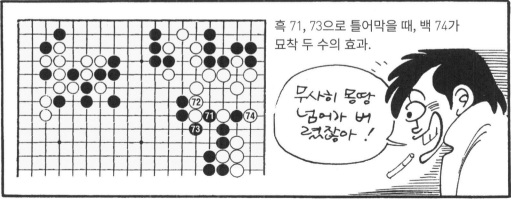

흑 71, 73으로 틀어막을 때, 백 74가 묘착 두 수의 효과.

무사히 몽땅 넘어가 버렸잖아!

그러나 공짜(?)로 넘지는 못하고
흑에게도 75, 77의 강경한 저지수단이
있었다.

안되지!

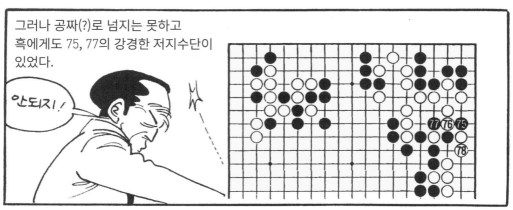

흑 79 따고 백 80 굴복은
어쩔 수가 없다.

그래 놓고 흑 **가** 끊으면 패가 되는데
흑은 갑자기 '살려 줄 테니 해소해 가라'는 듯
엉뚱하게 81 쪽을 이었다.

저런
여우영감!
패를 안하고
거기를 이어?

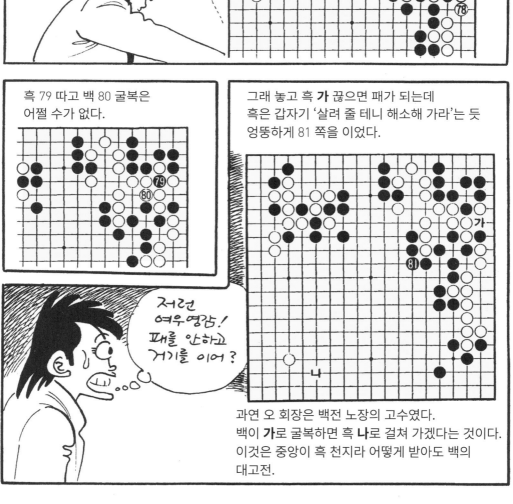

과연 오 회장은 백전 노장의 고수였다.
백이 **가**로 굴복하면 흑 **나**로 걸쳐 가겠다는 것이다.
이것은 중앙이 흑 천지라 어떻게 받아도 백의
대고전.

미미도 그것은 백의 완패라고 보고 중앙을 엿보며 백 82.
흑도 83 끊어 84를 불러만 놓고 일단 85로 딴청하듯 걸쳐 왔다.

그런데 다음 순간, 또다시 미미의 실착이 튀어나왔다. 절대 선수라 믿고 86 들여다보았는데
(흑 **가**로 이어 주면 **나**로 뛰어나가 백 **다**로 두 점을 후수로 잡는 것보다 낫다.)

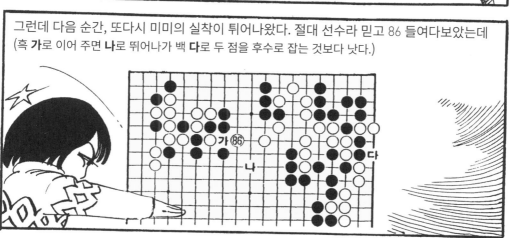

그러나 흑은 잇지 않고 87.
되들여다보니 미미는 이 수를 깜빡했던 것이다.

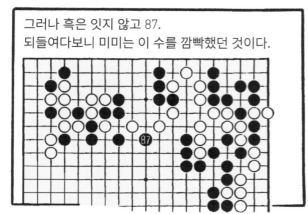

내친 걸음으로 1, 3 잇고 싸우면
좌우가 끊겨
어느 한쪽은 무사하지 못한다.

결국 눈물을 머금고 88로 후퇴.
백 대마는 안정됐지만 흑 89로 완전히 보태 주고 말았다.

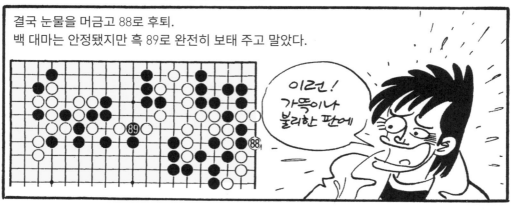

이런!
가뜩이나
불리한 판에

백은 하는 수 없이 백 90 협곡으로 아래쪽 흑 한 점에 대한 공격에
일말의 희망을 걸어 볼 수밖에 없었다.

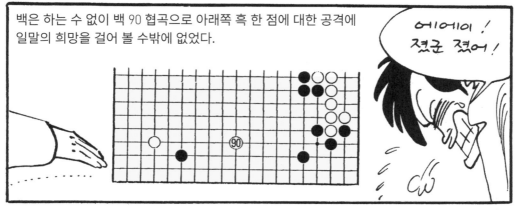

에에이!
졌군 졌어!

그러나 흑 91 하고 보니 어느 쪽이 공격을 당하고 있는지 모를
형국이었다. 백 92로 어떻든 근거를 잡아 두지 않을 수 없다.

한칸 더 넓게
벌리고 싶지만
주위에 흑돌이
너무 빽빽해서
92가 정수!

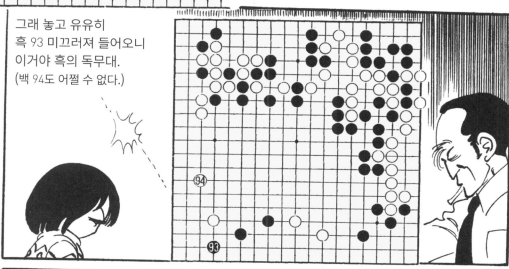

그래 놓고 유유히
흑 93 미끄러져 들어오니
이거야 흑의 독무대.
(백 94도 어쩔 수 없다.)

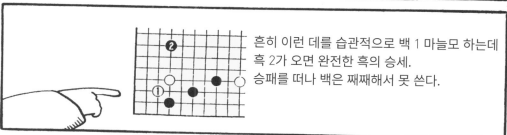

흔히 이런 데를 습관적으로 백 1 마늘모 하는데
흑 2가 오면 완전한 흑의 승세.
승패를 떠나 백은 째째해서 못 쓴다.

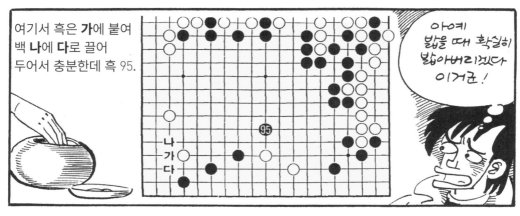

여기서 흑은 **가**에 붙여 백 **나**에 **다**로 끌어 두어서 충분한데 흑 95.

아예 밟을 때 확실히 밟아버리겠다 이거군!

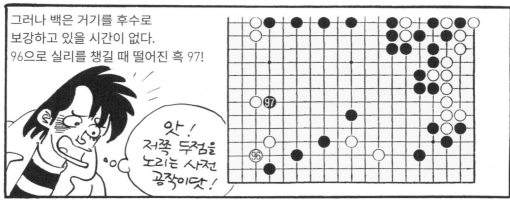

그러나 백은 거기를 후수로 보강하고 있을 시간이 없다. 96으로 실리를 챙길 때 떨어진 흑 97!

앗! 저쪽 두점을 노리는 사전 공작이닷!

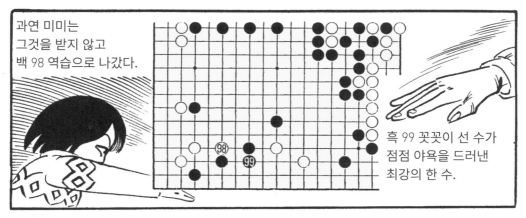

과연 미미는 그것을 받지 않고 백 98 역습으로 나갔다.

흑 99 꼿꼿이 선 수가 점점 야욕을 드러낸 최강의 한 수.

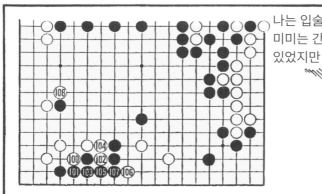

나는 입술이 바싹바싹 탔다.
미미는 간신히 선수를 뽑아 108 젖힐 수가
있었지만

기어이 흑 9가 떨어졌다.
이 백돌 3점이 잡히면
바둑은 그대로 끝이다.

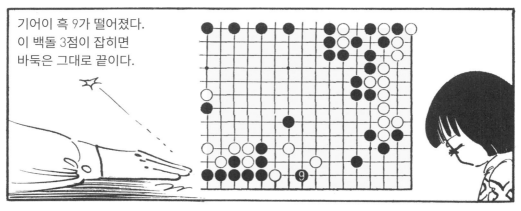

실오라기라도 잡자는 듯
미미가 백 10 기대 갔을 때
흑은 쳐다보지도 않고 11 밀어붙였다.

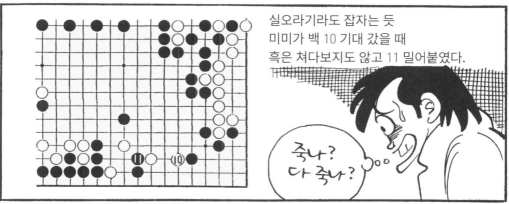

죽나?
다 죽나?

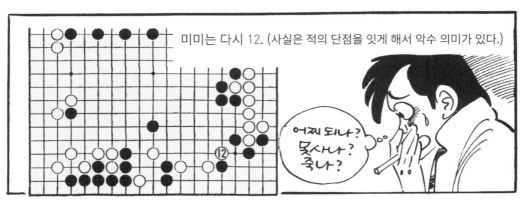

미미는 다시 12. (사실은 적의 단점을 잇게 해서 악수 의미가 있다.)

어찌 되나?
못사나?
죽나?

미미는 그래 놓고 오줌이 마려운지 발딱 일어섰다. 결정적인 승부처에서 전에 없던 일이었다.

미미도 초조해서 그랬을까?
미미는 호텔방 안에 화장실이 있는데 밖으로
나갔다.

야 기다려!
어디 가는
거야?

호텔 복도에는 낡은 수족관에 잉어인지 향어인지 한 마리가 외롭게 헤엄을 치고 있었는데
미미는 엉뚱하게 그것을 들여다보고 있었다.

물이 하도 더러워서 고기가 잘 안 보일 정도였는데
신기하게 잉어는 그 탁한 물속에서 살아 있었다.

애가 느닷없이 무슨 얘기야? 바둑이 불리해 지니까 갑자기 그 고기신세가 우리신세같아 보인다 이 말이냐?

우리가 아니고 아찌 !

그러니까 바둑을 이기란 말이야.

우리는 오늘 지면 그냥 거지돼 !

건지

어떻게 하면 이 불쌍한 고기를 구해줄수 있을까 한번 알아맞혀 봐 !

이 기집애가 또 무슨 선문답이야?

선문답이 아니고 아찌의 현실적 문제 아냐?

빨리 가서 바둑이나 둬 ! 주거 맞기 전에.

고기를 이 더러운 환경에서 꺼내 다른 맑은 물에 넣어 주면 되잖아! 너무 쉽지?

물고기 걱정말고 우리 걱정이나 해! 우리 걱정!

솔직히 말해! 오늘 저 바둑 졌지? 그래서 피하고 딴소리 하는거지?

왜 져?

불리 하잖아! 희생불능이잖아 솔직히!

바둑이란 정치 경제처럼 늘 불안정하고 미흡한거야. 편안히 드러누워 라디오 들으면서 두는 바둑은 세상에 없어.

좀 쉽게 말해!
그래도 아직은 던질시기는
아니다 이말이냐?

아냐,
던지게 될
거야.

이런 쌍!
역시 졌군 끝났군!

그러면서 미미는 이미 끝내기 단계의 수순을
주문을 외우듯 그려 보여 주었는데….

이상한 그림이었다.
지금 오 회장과 두고 있는 바둑이 틀림없는데
또 한편으로는 아닌 것도 같고….

언제 저런 모양이
생겨서 누가 결국
이긴다는 거지?

다시 바둑으로 돌아가 ─
미미가 108로 젖히자(이하 100단위 생략),
흑은 드디어 마각을 드러내며 흑 9 치중, 백 3점을 깡그리 잡자고 나왔고

미미는 '궁하면 붙여라'는 기훈대로 백 10으로 기대 가자 흑은 불문곡직 11.
(물론 이 백이 모두 잡히면 바둑은 그것으로 끝난다.)

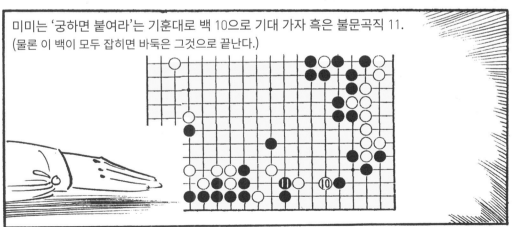

그러나 11로는 위로 1 젖히고
백이 2 할 때 3, 5 하는 게
훨씬 좋았다.

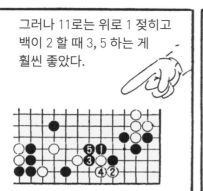

이하 12까지 귀를 살려 주고 **a**로 중앙을
크게 에워싸면 그대로 승세고
a를 보류하고 13으로 갈 수도 있었다.

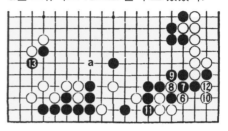

그래서 백은 귀를 포기하고 1로 넘어갈 테지만 흑 4로 실속을 챙기면서 공격해 오면
5로 미는 정도인데 앞길이 험난하다.

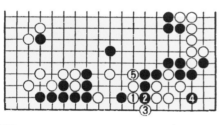

그럼 군!
아직 두 집이
안났잖아.

미미의 12 젖힘에
흑 13 공짜로 이어서
기분은 좋지만

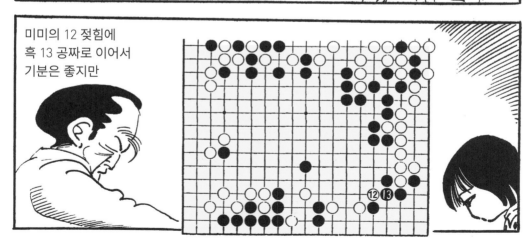

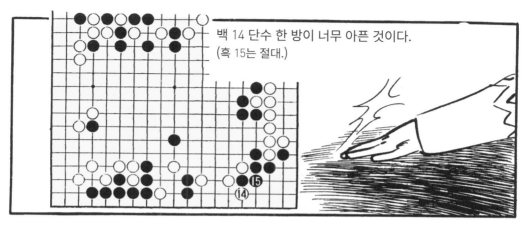

백 14 단수 한 방이 너무 아픈 것이다.
(흑 15는 절대.)

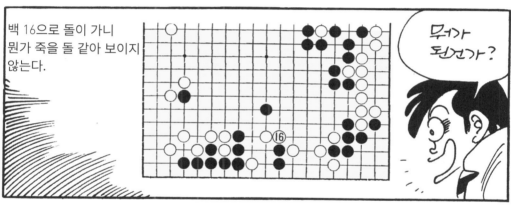

백 16으로 돌이 가니
뭔가 죽을 돌 같아 보이지
않는다.

무거가
된건가?

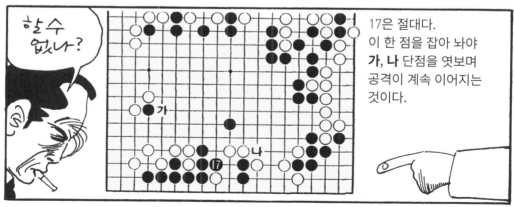

할수
없나?

17은 절대다.
이 한 점을 잡아 놔야
가, 나 단점을 엿보며
공격이 계속 이어지는
것이다.

여기서 잠시 머뭇거리던 미미가 일단 터를 잡자고
백 18 쑥 밀고 들어왔는데 흑 19가 타이밍.
이곳 응접 여하에 반대쪽 전투의 전략이
달라질 수 있기 때문이다.

미미는 노타임으로 20 무식(?)하게
끊어 버렸는데 최강이자 그 한 수였다.

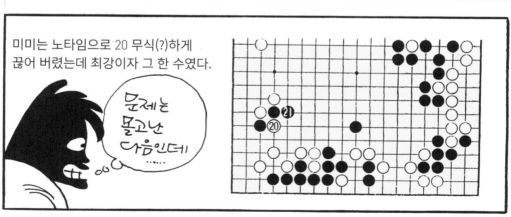

튼튼하게 둔답시고
백 1로 꽉 잇는 것은 큰일난다.
즉각 2, 4 몰고 6 하면

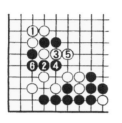

백 7 이을 수밖에 없고 이하 14까지 백이 알기 쉽게
무너져 바둑이 끝난다.

그게 그렇네 !!

정답은 끊고 몰고. 미미는 재차 22로 한 점을 몰았고
흑은 그제야 23으로 귀를 막았는데
당연해 보이는 그 수가 실은 기회를 놓친 완착이었다.

막지
않으면?

흑 1 먼저 하나 끊어 놓는 수가
있었던 것이다. 이하 9까지 흑은
실리도 취하면서 백은 계속 미생.

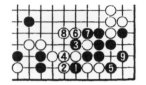

그렇다고 흑 1 때 2로 쑥 빠지는 것은 귀에서는 살 수
있지만 이하 11까지 백은 한 집도 없이 풍전등화.

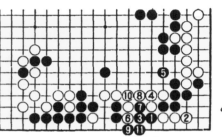

끊지 않고 그냥 막는 통에 백이 맵시 좋게 24 호구를 쳐 두니
금방 숨이 넘어갈 것 같던 백 대마가 아연 탄력이 붙어
백의 얼굴이 훤해진 느낌이다.

내가 지금
뭐하는거야?
이런 등신!

저 말이
피 안흘리고
살면 역전
이잖아!

역전
이닷!

그러나 오 회장이라는 노인은 참으로 끈질긴,
지칠 줄 모르는 강인한 공격의 정력가였다.

그는 담배 한 대를 다 태우더니
힘차게 흑돌 하나를 집어

25의 일격. 어떻게 된 것이(고수들 바둑이 다 그렇듯이)
그 돌 한 개가 떨어지자 '신수가 훤하던' 백 대마가
다시 목이 간드랑간드랑해 보였다.

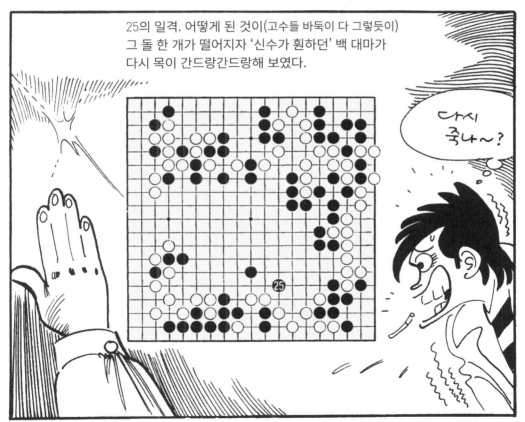

다시
죽나~?

293

나는 얼른 미미의 얼굴을 살폈다.

그녀는 태연하기만 했다.
이미 다 보아 두었다는 듯

백 26 치중하고 28로 채워 놓고(실은 이 두 수가 묘수)
유유히 30으로 붙여 갔다.
구겨졌던 백 모양이 다시 활짝 날개를 편 것 같았다.

잘 두네!

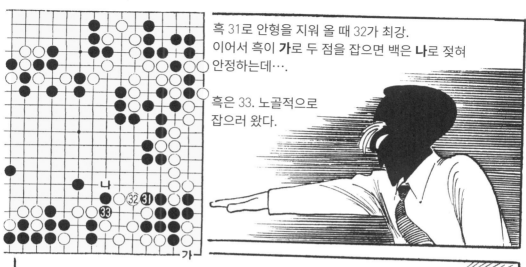

흑 31로 안형을 지워 올 때 32가 최강.
이어서 흑이 **가**로 두 점을 잡으면 백은 **나**로 젖혀
안정하는데….

흑은 33. 노골적으로
잡으러 왔다.

그러나 역시 33은 무리. 34에 35 굴복이 불가피할 때 36 가만히 하나 젖히자
이 백은 완전히 연결된 것이다.

물론 1로 나가 끊는 수는 있다.
그러나 이하 11까지 에워싸 봐도

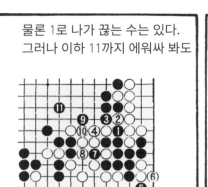

결국 20까지 패가 되는데 이것은 백의
꽃놀이패로(살자고 하는 패가 얼마든지 있어)
흑은 지면 대마가 다 죽는다.

이번에는 흑 1부터 몰고
3, 5 에워싸 봐도

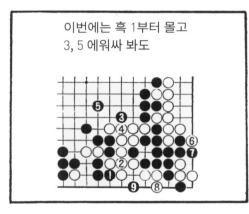

이하 18까지 역시 패가 되는데
도저히 흑이 안 되는 패인 것이다.

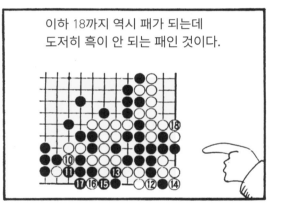

그런저런 수를 모두 읽었는지 오 회장은 소리 없는 탄식을 거듭하더니 결국은 손을 돌려

흑 37의 뼈아픈 후퇴. 이것으로 흑은 패세인 것이다.
백은 더욱 튼튼하게 38 쌍립으로 우변과 연결하니(선수 연결)
그 위태로워 보이던 백돌들이 화를 치며 깡그리 살아가 버린 것이다.

승부란 참으로 어이없는 것이었다.

약한 돌을 잡으러 간 것이 결국 패착이란 말인가? 그렇다면 공격해야 할 돌을 빤히 보면서 공격을 하지 말란 말인가?

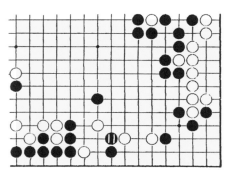

그러나 어떻든 결론은 그렇다. 바둑이란 함부로 잡으러 가도 안 되고 잡으러 가지 않아도 안 된다.

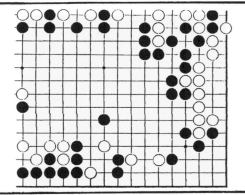

돈이 없어도 안 되고 돈이 또 있어도 안 되는 것처럼 바둑도 그런 것이다.

전직 대통령 →

백이 선수 연결이라는 것은 흑 39 가일수가 불가피하기 때문이다.
그래 놓고 백은 대망의 40. 이것으로 "이겼습니다" 하는 선언인 것이다.
흑은 두텁기만 할 뿐, 정작 필요한 집수가 부족하다.

으야

이겼다!
최고로 큰판
먹었다!

그러나 오 회장은 포기하지 않았다. 호시탐탐 흑 **가**의 절단을 노리면서 45, 46을 교환했다.

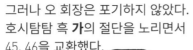

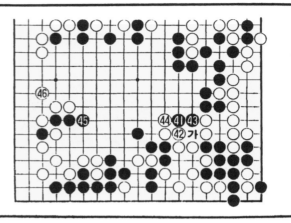

그러나 그 자리는 끊어 봐도 이하 12까지 빠져 나가는 수가 있어 지금 당장은 안 된다.

그럼! 그러니까 안 잇고 손을 뺐지롱!

그런데 다음 순간

뚫어져라 판을 노려보던 오 회장이 슬그머니 흑돌 한 개를 들어

47로 무식(?)하게 꼿꼿이 서는 것이었다.
나는 이건 또 웬 귀수인가 하고 가슴이 다 철렁했다.

미미는 내 훈수(?)대로 48, 50을 선수하고
52로 아예 이어서
말끔히 맛을 없애 버렸다.

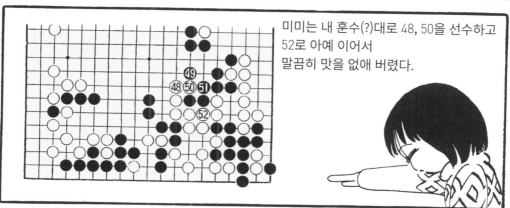

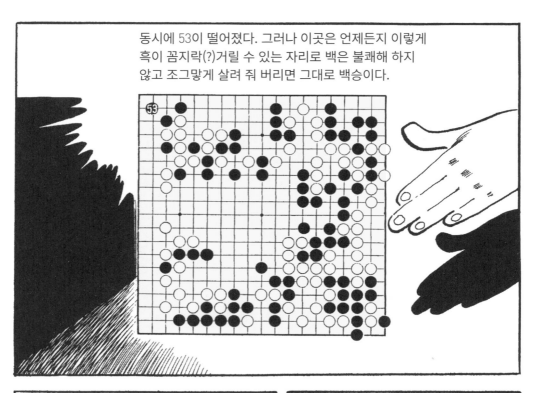

동시에 53이 떨어졌다. 그러나 이곳은 언제든지 이렇게 흑이 꼼지락(?)거릴 수 있는 자리로 백은 불쾌해 하지 않고 조그맣게 살려 줘 버리면 그대로 백승이다.

그러나 나는 혹시 엉뚱한 변고가 일어나지 않을까 가슴이 조마조마했다.

빨랑 쪼고맣게 살려줘 버리라니까! 다 된 밥에 코 빠뜨리지 말고!

한참 동안 무거운 침묵이 흘렀다. 나는 점점 더 불안했다.

뭐해 이거!

그러나 백 번 들여다봐도 54 몰고 56 잇는 한 수 뿐.

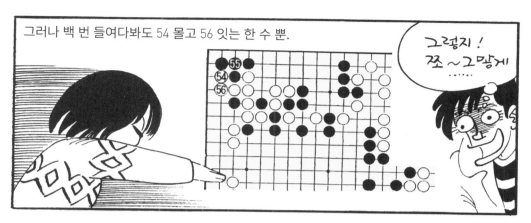

그런데 다음 순간

최후의 실수는 엉뚱한 곳에서 튀어나왔다.

흑은 예정대로 57 뛰고 58 막을 때
59로 먼저 하나 들여다보았는데….

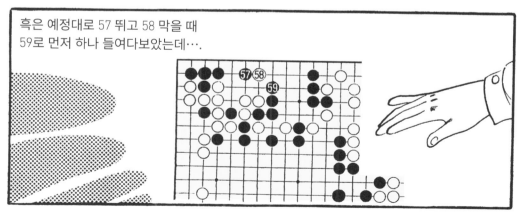

60 이었을 때, 그냥 살지 않고 61로 이쪽도 선수로 이득을 취해 놓고 살려고 한 것이 욕심이 과한 수였다.

욕심 부리지 말고 그냥 조그맣게 살면 백은 가, 나 선수하고 백 다로 밀어서 계가가 어찌 되나?

역시 덤 이상 백이 남지? 어차피 흑이 안되는 바둑이군!

조그맣게 사는 것이란, 1 선수 하고 3으로 빠져서 사는 것을 말한다.

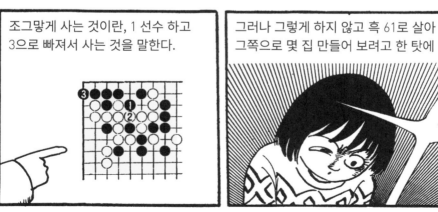

그러나 그렇게 하지 않고 흑 61로 살아 그쪽으로 몇 집 만들어 보려고 한 탓에

62 차단은 당연. 흑은 비로소 63, 65로 삶을 서둘렀지만
공배가 채워진 바람에 66 치중하고 68 먹여치는 수가
발생한 것이다.

결국 70으로 몰 때 잇지 못하고 71에 72 때려 내니
멀쩡히 살 수 있던 돌이 패가 난 것이다. 이른바 백의 꽃놀이패.

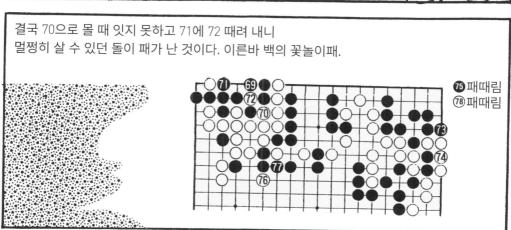

❼❺ 패때림
❼❽ 패때림

79, 80 패를 쓰고 흑 81로 때려 냈을 때 백은 그냥 점잖게 82.
흑은 이런 것까지 일일이 받을 수가 없다.

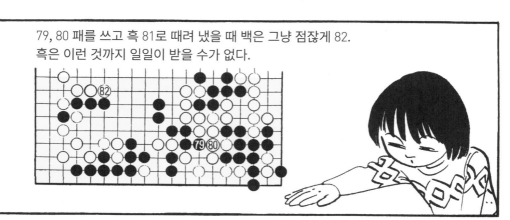

결국 불청하고 83 이어 귀를 살렸는데
그 자체로 흑의 무덤이었다.

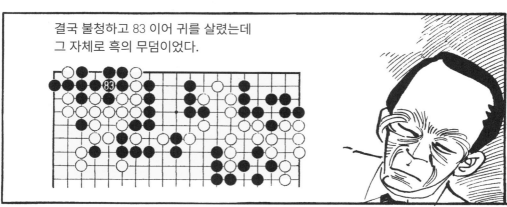

백이 84 젖혀 86으로 석 점을 품에 넣으니
이제는 덤은 고사하고 반면으로도 백이 많이 남는 형세가 된 것이다.

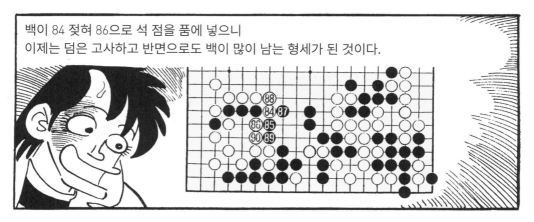

흑이 힘이 하나도 없는 손놀림으로 91 한 점을 이었을 때 백이 92로 꼿꼿이 서니
여기도 맛좋게 살점이 붙어 여기서 흑이 돌을 던졌다.

순간, 나는 환호성 대신 나도 모르게 외마디 비명을 질렀다.

그것은, 아! 그것은!
미미가 아까 호텔 복도에서 그려 보여 주었던 그 그림!
그 바둑 바로 그 장면이었던 것이다. 나는 와락 소름이 끼쳤다.

미미는 무려 백 수 가까이나 남은 그 긴 수순을 그때 이미 내다보고 있었단 말인가?
그리고 정확히 192의 시점에서 돌을 던진다는 것을 미리 알고 있었단 말인가?

오 회장은 판 위의 돌을 쓸어 내고 다시 돌아보며 혼자 뜻 모를 소리를 중얼대면서
매우 아쉬워하고 있었다.
솔직히 워낙 큰판이라 괜히 미안하고 황송스러웠다.

내기꾼들이 늘 그러듯 우리는 눈인사만 하고 수표 뭉치를 챙겨 서둘러 그 방을 나왔다.

아찌 오늘 바둑공부 좀 됐어?

그럼~! 우리 어디 가서 한잔 때리면서 얘기할까?

工事中 불면을 으려

오늘바둑에서 무얼 배웠어?

응! 무조건 참고 기다려라! 그러면 기회가 온다!

오늘의 이창호도 그래서 있게 됐다!

어때? 아찌 똘똘하지?

한가지 진짜를 오늘 가르쳐 줄게.

사람이 바둑을 둔다는 것은 있지 ....

알아맞춰 봐, 왜 그렇게들 기를 쓰고 바둑을 두고, 또 이기려 하는걸까?

아 그거야 일단 바둑이 재미 있잖냐!

그만큼 째지게 재미 나는 게임이 세상에 어딨어?

그리고 상대를 자빠뜨리는 쾌감!

혹은 돈을 따 먹으려고!

혹은 처자 먹여살리기 위해!

혹은 타이틀을 따려고!

혹은 명예!

틀렸어!

신(神)이 만들어 놓은 정수(正手)를 찾아내기 위해 바둑을 두는거야.

자! 이 돈 아찌 다 줄게!

아찌도 이제 신이 감추어놓은 아찌의 수를 찾아보도록 해.

안녕!

어……이봐!

어처구니없게도 그것이 미미와의 마지막이었다.

야 어디 가? 기다려 봐 기집애야!

막 뒤쫓아가려는데 수표 뭉치 하나가
떨어져

그것을 집고 보니 그녀는 보이지 않았다.

아니
이게…

꽤 애를 쓰고 찾아다녀 보았지만
만날 수가 없었다.

혹시나 싶어 기다려 봤지만 전화도 없었다.

나 정말
돌겠네!

불현듯 그녀가 보고 싶어 당장 죽을 것
같았다.

그제서야 나는 알았다.
나는 미미를 정말로 사랑했던 것이다.

이 어이없는 이별이 제발 꿈이기를 빌었지만
신기루 같던 그녀와의 하루하루는 현실이었고 사실이었다.

그녀가 내게 주고 간 수표 뭉치가 그 증거였다.

그 꼬마영이
친척집 데
려다줬니?

그런데 미미가 내 곁을 떠나고 넉 달 가량이
지난 어느 날, 종로에서….

어!
김달호 아냐?

선배 친구인 의사였다.

뭐야 자네!
검사 의뢰해
놓고 왜 한번도
안들러?

실은 자그만 오퍼상 이라도 해볼까 하고 요즘 영어랑 불어 학원 다니고 있어요.

자네가 웬 일이야~? 거 아주 잘 생각했다. 축하하네!

그런데 말이야 그 때 그 꼬마 말이야.

미미요?

형 혹시 걔 보셨어요?

보기는 내가 어디서 봐! 그게 아니고…

언제 시간 나면 그애 한번 더 병원에 데려와.

왜요?

독일제 기계가 잘못될 리는 없는데 그 꼬마 뇌파검사 결과가 영 이상하게 나와서 다시 해야겠어.

어떻게요 ???

그날 결과 나온대로라면 걘 인간이 아냐. 사람의 뇌파가 아니라고!

시간나면 개 데리고 다시 한번 들르라구.

사람의 뇌파가 아니면?

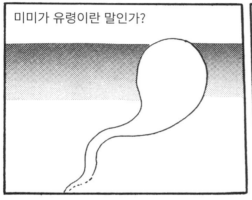

미미가 유령이란 말인가?

바둑을 좋아하는 우주인이라도 된단 말인가?

불현듯 미미가 보고 싶어 미칠 것만 같았다. 유령이라도 좋았다.
우주괴물이라 해도 나는 변함없이 그녀를 사랑한다.

그러나 미미는 영영 내게 모습을 보이지 않았다.
나사렛 예수가 수많은 이적과 말씀을 남기고 홀연히 이 세상을 떠나가셨듯
미미도 무수한 기적과 유머 섞인 진리들을 수수께끼 던지듯 내게 남기고
그렇게 홀연히 내게서 사라져 버린 것이다.

그녀는 다시 올까?
그러나 예수의 재림을 세상 누구도 모르듯
미미 그 앙증맞은 바둑 신(神)의 재등장 또한
나도 세상도 아무도 모르는 것이다.

끝